中华先烈人物故事汇

贺昌

军事科学院解放军党史军史研究中心

学习出版社

中华先烈人物故事汇《贺昌》编委会

主　任：陈传刚

副主任：陈秋波　曲宝林　周　鑫

编　委：郭　芳　褚　杨　王　冬
　　　　王　雷　陈永红　刘向东

主　编：曲宝林

编　著：王　冬　郑　洋

目 录

Contents

引 子

这是一位爱党爱国爱民的优秀党员，一位一手拿笔一手持枪、能文能武的奇男子，一位铁骨铮铮、侠骨柔情的真英雄。他从小矢志报国，13岁时就写下“扛罢笔杆再扛枪，经文纬武干一场”的《壮志歌》，毅然投身反帝反封建运动。他坚定马列信仰，积极参加革命斗争，16岁时就担任中国社会主义青年团中央执行委员，21岁时成为中共历史上最年轻的中央委员。他历经重重战火，先后转战上海、湖南、香港、广西、天津、河北、江西等地，参加八一南昌起义，参与组织广州起义、筹划百色起义，最终在保卫中央苏区的战斗中被敌人重重包围，宁死不当俘虏，高呼“红军万岁”举枪自尽，壮烈牺牲时年仅29岁。他曾参与组织并参加红军第一次全国政治工作会议，提出红军政治工作的迫切任务，强调政治工作是红军的生命线，对人民军队建设产生了深远影响。这就是本书的主人公，中国共产党早期杰出的无产阶级革命家，山西省早期青年运动、工人运动的先驱，中共早期高级党务工作者，中国工农红军高级指挥员和我军政治工作的杰出领导人——贺昌。

贺昌，原名贺颖，又名其颖，字伯聪，1906 年 1 月 19 日出生在山西省离石县柳林镇羊道口（今吕梁市柳林县柳林镇）一个封建士绅家庭。1913—1918 年，在柳林初等小学读书。1918 年初小毕业后，考入离石县立高级小学，开始接触一些进步书刊，并先后结识一些进步青年。1919 年五四运动爆发后，他和进步学生一起带领离石县城的学生走上街头，用讲演、表演文艺节目等形式，揭露卖国贼、宣传抵制日货、进行爱国活动。

1920 年春，高小尚未毕业，贺昌即考入山西进步思潮的中心——山西省立第一中学。在山西最早的革命活动家高君宇帮助下，开始接受马列主义的教育。1921 年 5 月，贺昌加入了由高君宇和王振翼组织发起的太原社会主义青年团，成为山西第一批8个团员之一，在高君宇等人的帮助下，积极投身革命工作。

中国共产党成立后，贺昌、王振翼等创办了晋华书社，大量出售和翻印《新青年》等进步书刊。1922年5月5日至10日，中国社会主义青年团临时中央局在广州召开了第一次全国代表大会。9月，太原团组织遵照中央指示，根据团章选举成立了中国社会主义青年团太原地方执行委员会，年仅16岁的贺昌被推选为太原市第一任团地委书记。此后，贺昌被增补为团中央执行委员会委员，成为当时团中央执行委员中年龄最小的委员。12月，正太铁路工人实行全线总罢工，贺昌参加了领导工作。这一年，贺昌由中国社会主义青年团团员转为中国共产党党员。

因贺昌在太原身份已暴露，团中央决定调他到团中央工作，后又送他到上海大学学习。在上海大学期间，贺昌刻苦学习马列主义理论，并结识了瞿秋白、张太雷和邓中夏等一大批革命者。

1924年2月，贺昌被派往安源，任安源路矿工人俱乐部文书股长，11月被选为青年团安源地方委员会执行委员，任秘书。1925 年 1 月，中国社会主义青年团中央在上海举行第三次全国代表大会。这次大会将中国社会主义青年团改名为中国共产主义青年团。贺昌出席大会，并被选为团中央委员，任团中央常委、工农部部长。后参与组织发动上海工人三次武装起义，是中共江浙区委负责人之一。

1927 年 4 月 27 日至 5 月 9 日，党中央在武汉举行第五次全国代表大会。贺昌出席了大会，并当选为中央委员会委员。在紧接着召开的中国共产主义青年团第四次全国代表大会上，贺昌继续当选为团中央委员。

大革命失败后，根据中共中央政治局临时常委会的决定，贺昌和周恩来、李立三、恽代英等人离开武汉，前往江西九江等地，积极策划武装起义。1927 年 8 月参加南昌起义，随军南下广东，后又参加广州起义的组织准备工作。1928 年参与重建中共湖南省委。曾被选为中共第五、第六届中央委员。

1930 年春，贺昌任党的北方局书记。5 月，兼任改组后的顺直省委书记。

1931 年 11 月，贺昌到达中央苏区兴国县，决心进一步探索中国革命的道路，在革命斗争的暴风骤雨中锻炼自己。在毛泽东的指导下，他以非凡的才干和勤奋的工作，使兴国县在较短时间内就变成了中央苏区的模范县之一。不久，贺昌调离兴国，先后任红 5 军政治委员、红 3 军团政治部主任。

1932 年 2 月，贺昌被调回中革军委，任红军总政治部副主任，协助王稼祥主持全军政治工作。参加南雄水口等战役和中央苏区反“围剿”斗争。1934 年年初，贺昌当选为中央执行委员会委员。2 月，协助王稼祥主持召开了红军第一次全国政治工作会议。曾被选为中华苏维埃共和国第二届中央执行委员。

1934 年 10 月，由于王明“左”倾教条主义错误指导，中央苏区的第五次反“围剿”遭到失败，中央红军主力被迫进行长征。贺昌奉命与陈毅等留在赣南坚持游击战争，任中共中央苏区分局委员、中央军区政治部主任。1935 年 3 月上旬，贺昌率部向粤赣边突围。10 日拂晓，转移到会昌县归庄村时与国民党追兵再度遭遇，贺昌誓死不当俘虏，战斗至最后一刻，高呼“红军万岁”，举枪自尽，年仅29岁。

01 少年壮志当自强

书香世家

贺昌的故乡柳林县位于山西省中部西缘，吕梁山麓，黄河东岸，东与离石区、中阳县交界，南临石楼县，北毗临县，西临黄河与陕西省吴堡、绥德、清涧 3 县为邻，属典型的黄土高原丘陵沟壑区，山清水秀，柳树成林，清河蜿蜒。

柳林县历史悠久，县境薛村镇高红村出土的仰韶文化遗址，表明早在新石器时代，就有人类在此繁衍生息。春秋时为晋国领地，战国归赵，汉代时为代共王九子的侯国，北周设定胡郡制定胡县。军渡、孟门、三交黄河渡口自古就是秦晋两地商品集散地，今县城所在柳林镇在明清时期手工业兴盛，商贾云集，店铺林立，被称为“小北京”。

贺昌家族是柳林的望族，在全镇五里长街建有多处像样的宅第及铺面，曾有“贺家柳林半道街”之说。他的曾祖父系国子监(中国封建时代最高教育管理机关，有的朝代为最高学府)太学生，祖父虽未得中，但才学出众，终身以经商为业。父亲贺雨亭是清末的拔贡，品行端正很有学识，思想开明，追求进步，对黑暗社会深表痛恨。辛亥革命爆发后，许多遗老遗少顽固不化，他却带头剪掉头上的发辫，以示与腐朽的封建统治决裂。

当时尽管推翻了清政府，实行了共和，但社会依旧混乱，盗匪骚扰有增无减，贺雨亭与当地一些有识之士经过协商，组织训练了民团，抗拒盗匪，维护社会安定，深得百姓赞赏，在当地百姓中很有声望。

贺雨亭还热心公益事业，与柳林一些商号合股开办了新公益煤窑，方便民众烧煤。为发展新学，他凭自己的威望，同当地商人、富户一起筹集资金、选择教师、扩建校舍，将柳林镇小学堂扩展为离石县(当时柳林镇属离石县管辖)内的第一所两级小学。他又出资在柳林创办了新式学堂，吸引许多少年。他喜欢给人们讲故事，《三国演义》《水浒传》《西游记》都讲得通俗易懂、活灵活现，人们听得如痴如醉，潜移默化接受教育。民众对他极为尊重，男女老少都称他为贺先生。

贺昌的父亲先后3次娶妻，贺昌和妹妹贺毓秀为第二个妻子阎氏所生。阎氏聪明贤惠、知书达理、勤劳简朴、持家有方，善于潜心抚育培养子女，但不幸的是她在贺昌18岁时因病去世。贺毓秀比贺昌小6岁，男儿性格、好动好胜，12岁考入汾阳崇德女子学校，由于在学校受到新文化和革命浪潮的影响，决心以兄长贺昌为榜样，14岁在家乡加入共产主义青年团。一生在外奔波，新中国成立前在天津、北京等地做党的秘密工作，后又在北京、天津、湖北、西安等地从事教学工作，1981年病故。

贺昌出生时，其父贺雨亭已33岁，母亲阎氏也近30岁。在当时是得子较晚的，所以父母都十分欢喜他，盼望儿子长大成人能脱颖而出，于是给孩子取名贺颖。

贺昌自幼十分精明，父母对他喜爱有加，开

始一边教他识字，一边给他讲故事。到上学堂前，已读完了《三字经》《百家姓》《千字文》。小学期间又教他读了《论语》《孟子》《春秋》《左传》等儒家经典著作。他喜欢听父亲讲民族英雄的故事，每当这时贺昌是最安静的时候，父亲讲得绘声绘色，贺昌听得如醉如痴。

故事讲完了，贺昌仍然意犹未尽，缠着父亲继续讲。每个晚上，家里那盏昏黄的煤油灯不停地闪烁，微微跳动的火苗映照着贺昌聚精会神的脸庞。刘备、关羽、张飞桃园三结义，林冲雪夜上梁山，岳飞精忠报国，班超平定西域，孙悟空护送唐僧西天取经等故事，贺昌都耳熟能详，时时处处总会以故事中的主人公对照自己，从小便受到正义、爱国、勇闯天下等精神的感染和熏陶。

贺昌性格活泼、思维奇特、举止不凡，就是玩游戏也与一般儿童不一样。他很少跟同学们玩跳绳、踢毽子、捣砖头等游戏，爱组织孩子们玩打仗，经常召集孩童们为伍，自当“元帅”，打了胜仗辄以草花、树叶和泥丸做假宴庆功行赏。因其表字悟庵，贺昌还编了一首军歌教大家唱，前几句就是“领兵元帅，为贺悟庵。替民除害，灭匪当先”。

他还把召集好的队伍兵分两路，各自准备好，然后交战，他会想出各种各样新奇的办法连赢胜仗，因此他参加指挥的那部分队伍总是打胜仗，成为孩子们都佩服的常胜“元帅”！

敏而好学

贺昌小时候人如其名，十分聪颖，听故事已经不能满足他，加之父母的喜爱和期望，他父亲很早便开始教他识字读书，他总能够让自己沉浸在书海中。

一次，全家人一起午饭时，就差贺昌，怎么都找不到他，屋里、院外都不见他的踪影，追问平常和他玩耍的同伴，也不知他的去向，急得贺昌父母吃不下饭，于是大家一起呼喊寻找贺昌，整整一下午都找不见，眼看天黑下来，大家都心乱焦急。

贺昌母亲有些眩晕，父亲安慰她说：

“回家去看看吧，说不定自己回来了！”果不其然，推门一看，贺昌正狼吞虎咽吃着中午未动的午饭，边吃边说：

“父亲、母亲你们去哪里啦？我饿了，看桌上有饭就先吃啦！”

贺昌的父母一脸吃惊和不解，急忙追问：

“臭小子！你中午去哪里了？我和你母亲中午等你吃饭，却不见你踪影，我们便去寻你，大半天找不到你的踪影，急得我们饭都吃不下，你母亲担心得头都晕眩，你倒好，和齐天大圣一般又翻回来了?！”

贺昌扑哧一笑：

“父亲，你怎么知道？我就是一个筋斗云翻上屋顶，看齐天大圣捉妖去啦！嘿嘿，就是太投入，忘记了午饭的时间。”

“那全家人一起呼喊寻你，你怎么没有听见?”

“我那正看在兴头上，早就和大圣一起打怪捉妖，为民除害去啦。你，你们，你们那声音太小啦！就是我这不争气的肚子咕噜咕噜好生乱叫，逼得我下来填饱它！”

贺昌父亲、母亲笑笑摇摇头："臭小子！真是个小书迷！"

1913年春，贺昌来到柳林镇初等小学堂读书。该学堂是清朝末年废科举制度后柳林兴办的第一座官办小学。学校执行的是清政府颁布的《奏定学堂章程》（又称癸卯学制），小学学制九年，包括初等小学五年，高等小学四年。

学堂的一切都使贺昌倍感新奇。老师们都很年轻，除了教他们念书识字外，还教他们唱歌、画画。课余时间，还和同学们一起游戏，大家在一起无忧无虑，十分开心。每隔一段时间，老师还要学生们去登山锻炼身体。看着那些连绵起伏的山峦和汩汩流淌的小河，贺昌陶醉了。

老师们都非常喜欢贺昌，在他们心目中贺昌个头不高，但生性活泼，爱思考。班级里他年纪最小，但学习一点都不比别的孩子差，还常把从父亲那里听来的故事绘声绘色地讲给同学们听。一次课间休息时，班里同学都围在一起，里三层外三层的，没一个同学去玩耍打闹，老师见到十分不解，凑上前去一看，原来贺昌在和同学们谈论可歌可泣、铁骨铮铮的民族英雄："话说岳飞……"同学们都听得入了迷。

老师见状宣布道："大家静一静，都坐好，你们是不是都爱听贺昌讲故事啊？"

大家胆怯地点点头。

"以后每周一下午的最后一节课我们留给贺昌，让他上讲台给同学们好好讲故事。"

同学们都拍手叫好，开始期盼每周一下午贺昌这个小老师带来的新故事。

贺昌从小就胆子大，又很有心思。他小时候很爱玩水，见到一位水性很好的年轻人，便缠住人家："您水性好，教教我呗！"

年轻人一愣："这孩子，学耍水干啥嘞，咱们这里是山区，耍水很危险！况且河道不平，有漩涡，会淹死人的！"

年轻人拒绝了贺昌，但贺昌不肯放弃，一遍不同意就求两遍、三遍、四遍……年轻人弄不明白："这孩子真是奇怪，干嘛非得要学耍水？"

贺昌说："学会了耍水，长大了到外面做事，碰到河水堵住，就能渡过去！"年轻人觉得这么小的孩子想法有些特殊，但是说得有道理，于是就好好地教他。贺昌很聪明，没教几次就学会了。谁会想到，贺昌长大后果然志在四方去外面做大事了！

贺昌好奇心很强，爱听街谈巷议。柳林街中段有个地方叫沟门前，是卖地方风味小吃和瓜果梨桃的地方。许多孩子都喜欢去吃好吃的，贺昌也喜欢去，但他不是去吃，而是去听。

那里是"闲人"聚集谈天说地的地方，可以听到各种议论，奇闻逸事和民间传说等。一次和伙伴们去沟门前，大家都去搜寻吃食，他便一屁股坐下来细细开听："大禹治水、杨家将练兵、火烧天主教堂……"

听得是如痴如醉，等回头找同伴时，大家都去上课了，只剩他一个小孩子凑在大人堆里。

革命启蒙

1918 年春，贺昌的父亲贺雨亭带着贺昌来到离石县城，考入县立高级小学。在这里，他开始接触到一些进步书籍，还先后结识了张叔平、李燕敖、田开疆等进步青年。贺昌的班主任叫刘菊初，是一位具有民主思想的爱国人士，而且与贺昌的父亲有笔砚之交。贺昌对刘菊初先生倍加敬重，他觉得刘先生不仅学识过人而且非常正直，在性格上和父亲颇为相似。他爱听先生的教诲，有空就约三五好友到先生家请教。

刘先生见贺昌学而不厌，人又聪明机灵，是个难得的人才，于是就不遗余力地教他。他告诉贺昌，在学校不仅要努力学习，追求上进，而且要关心国家大事。他常借给贺昌一些进步书刊，要他仔细阅读。

在刘先生的精心呵护下，贺昌很快就成长起来。他不仅学业好，文章写得出色，而且有强烈的爱国思想。年仅 12 岁的贺昌，常和一些进步学生议论革命大事，并多次吐露出“国难当头，大丈夫不做岳飞死，也做班超名震天下……”等豪言壮语。

13 岁时，他还写下一首名为《壮志歌》的七

言绝句。诗词读起来铿锵有力，尽显少年革命壮志，诗中写道：

扛罢笔杆再扛枪，
经文纬武干一场。
颈血常思敌国溅，
寸心久欲报家邦。
自古将相本无种，
谁说好男兵不当。
但得东风时与便，
贺郎也不亚周郎。

贺昌在这首诗中引经据典，谈古论今，以“贺郎”指代自己，隐喻未来将不输于三国时期东吴的大都督周瑜“周郎”，酣畅淋漓地抒发了贺昌为国为民的鸿鹄之志。这首诗在同学中相互传阅，同学们异口同声都说写得好，后来传到刘先生那里，刘先生看后也一改往日威严的面孔，不禁露出赞许的笑容。

当时的离石县城，虽然经过了辛亥革命的洗

礼，成立了新的县政府，但社会仍不安定，官匪勾结，欺压百姓的事件屡有发生。贺昌听到这些传闻，气愤难平。

1918年6月的一天，贺昌和同学们在离石城用活报剧的形式搞宣传，他手拉一只头戴东洋帽的哈巴狗，形象地揭露了北洋政府崇洋媚外、软弱无能、出卖国家主权等罪行，吸引了不少观众。离石县县长贾占堂，头戴东洋帽，手执“文明棍”，领着一伙县警察气势汹汹来到观看表演的人群中，妄图镇压。贺昌临危不乱，把嗓门提得高高的，一面用手指着他拉的哈巴狗头上的东洋帽，一转手又指着县长头上的东洋帽，随之大喊道：

“快来看东洋哈巴狗！东洋哈巴狗！打倒东洋哈巴狗！”

“打倒东洋哈巴狗！”观众也随着一起大喊起来，并把贾占堂和县警察们都围了起来。贾占堂见势不好，赶忙摘下头上的东洋帽，一边大声训斥道：“你们要干什么？”一边指使县警察们赶紧护着他，灰溜溜地向县署退去。

后来到农历八月二十七日祭孔日时，早已对

进步师生开展革命活动心怀不满的县长贾占堂，借机行事，令县城各校师生齐集文庙开会，以祭孔为名，对师生革命活动横加指责。当点名训斥贺昌时，年仅 13 岁的贺昌，不慌不忙，面带怒气，从队列中走出，站在一旁，高声质问县长：

“现在帝国主义列强瓜分我们国家，北洋政府出卖国家主权、任人宰割，人民群众苦不堪言，老师学生揭露他们的罪行，动员人民群众起来保卫国家，有什么不对呢？这只能说明你这个县长，身为离石人民的父母官，不关心人民群众死活，不为国家着想。你不是人民的父母官，而是人民的罪人。”

贺昌的质问激起了全场师生的愤慨，有的呼喊口号，有的也大声质问，贾占堂慌了手脚，草草收场，在县警察的护卫下，垂头丧气地离开文庙。广大师生欢呼雀跃，一齐围到贺昌周围来：

“你反驳的太有力！”

“你把我们想说的话都说出来了！”

有的拉起贺昌的手，有的搭住贺昌的臂，接着有人干脆把贺昌抬起来高呼：“贺昌反驳的真来劲！”

“贺昌真是个好学生！”

……

这年暑假，贺昌同从汾阳、太原等地回家度假的进步学生杨逢昌、刘有纲、李燕敖、田开疆等用演讲、游行、张贴标语，特别是结合当地实际编演剧目等形式，在柳林镇及附近的青龙、上青龙、杨家港、穆村等农村，在田家沟、锄沟等煤窑上进行反帝反封建、反官僚资本主义的宣传。还在柳林、穆村的商号店铺里查禁英日货物的销售，给家乡播下革命的火种。贺昌等人还自编小剧《白瞎子的遭遇》，以当地地主、富农等封建势力残酷剥削和压迫人民群众的活生生的事实为内容，向群众进行宣传教育，传播革命思想。

同年秋天，柳林一些士绅与天主教徒勾结起来，贿通离石县公署搞柳林的县议员选举。选举那天，选场设在柳林镇的龙王庙，离石县县长带着几名县警察到现场压阵。现场的大门由士绅们花钱雇的地痞恶棍把守着，到场参加选举的人员，大部分是士绅们花钱收买的，绝大多数选民都不许进场。巧遇贺昌及柳林在太原等地上学的田开疆、高应天、李燕敖等回来，他们听到群众的议论，很是气愤，经过商讨，分头组织了几十名进步学生，发动了一些群众，一起闯进现场，质问县长：

“议员是由人民选举，为什么不让大多数选民进场？”

县长无言以对，颜面大失，恼羞成怒，下令县警把涌进来的人赶走。县警察们凶神恶煞似地挥动枪托把驱赶群众，更加激起了学生们的义愤，就和县警们打了起来。混乱中，县长的头被砖头砸中，顿时血流满面，选场乱作一团，县警们慌了手脚，忙着去保护县长，选场的群众和学生都很快退走了，柳林贿选县议员只好无结果收场。

1919 年，具有划时代意义的五四运动爆发了。为了反对帝国主义的侵略，维护民族尊严，北京学生举行了声势浩大的游行示威，呼吁“研究新思想，批判旧礼教”。

五四爱国运动震动了整个中国。消息传到离石高小，爱国师生们再也无心上课，贺昌与同学们一起走上街头，举行集会游行，声讨帝国主义的侵略罪行，揭露军阀政府的卖国行径，宣传抵制日货。他们还把宣传爱国、反对侵略的诗文贴在校园内那条狭长通道的墙上，供更多的学生来阅读。平静的校园沸腾了，到处都有反帝的歌声，每个爱国师生都喷射着不屈的怒火。

经过五四运动洗礼，贺昌愈发显得成熟。他如饥似渴地大量阅读进步书籍，并开始对一些社会问题作出初步思考，他决心更加发愤求学，探求救国救民之路。

02 信仰支撑奔革命

追求救国理想

五四运动以后，马列主义迅速传入中国。学习俄国工农大众、走社会主义道路成为当时革命志士的执着追求。在山西，越来越多的知识分子都在读马列的书，谈论着俄国的十月社会主义革命。山西大学、法政专门学校、工业专门学校、山西省立第一中学等学校的学生们还成立了进步团体，在省立一中还办起了《山西平民周刊》，宣传进步思想。

1919 年冬，贺昌父亲到太原省政府六政考核处当科员，高小尚未毕业的贺昌随父亲来到太原。次年春天，恰逢省立一中春季招生，贺昌满怀自信前往报考，结果顺利考入，这一年贺昌 14 岁。在这里他接受了马列主义，投身革命，成为山西乃至全国的早期革命者。

省立一中的校门庄严古朴，富丽凝重，它雄踞在太原起凤街，坐北朝南，高大的门楣上“省立第一中学校”7个大字赫然醒目。在清代，这里曾是山西文人科举考试的考场，辛亥革命后改为“山西公立中学堂”，不久又改为“晋阳中学堂”“山西省立模范中学堂”。悠悠数百年，一直桃李芬芳，书香四溢。

它文气十足，甚至连周围景物也被熏染。在它的西侧有一个小湖泊，太原百姓称为“海子”。久而久之，文风弥漫了湖泊上空，于是湖的名称也文雅起来，在学子们的心中，“海子”的概念淡化了，一个文绉绉的名字取而代之——文瀛湖。

占地1万余平方米的校园，吸引了三晋大地上的众多学子，大家都把考入这里作为荣耀。对于从小立志要“经文纬武干一场”的贺昌来说，考取这样的学校，欢乐之情不言而喻。

贺昌在入校第二年的一篇作文中写道：

“回顾去岁，奉家严之命，束装来并以求停身之所。当余在县肄业之际，久闻人云，省立一中为吾晋文化之中心，其教育之得法，管理之严厉，非他校能比肩也。余闻其言，喜出望外，遂应试一中。余虽愚钝，幸蒙不弃，孙山之耻既免，求学之乐又来，及余入校，置身列儒林之中，优胜劣败，天演自分。余常落榜后，以此为羞。后遂发愤为学，以体亲心，应社会之要求，作中坚之人物。”

在学子的心目中，学校是令人心旷神怡的天地。这里不仅有整齐的教室、办公室，还有图书馆、礼堂、艺室、会议室等，先进的教学设备基本齐全。特别是五四运动后，省立一中学生结社办刊，阅读进步书籍报刊，成为马克思主义在太原传播的基地。置身于这样的环境，犹如在知识的大海中泛舟，每个人都做着各自的打算，都准备各展才能。贺昌立志要“应社会之要求，做中坚之人物”。因此，在学校废寝忘食，发奋苦读，他在作文中这样要求自己：

“每余课外，兼求社会之智识，览世界之文化。”

他在思考，在探索救国救民之路。

年仅 14 岁的贺昌之所以立下这样的志愿，是因为他亲眼看到了当时社会的黑暗，看到了百姓的痛苦。他想起了在离石上高小的岁月，他亲眼看到了县长依仗权势，欺压百姓，平民敢怒不敢言的情景；在田家沟煤窑，他看到一座阴暗潮湿的矿井，衣衫褴褛、骨瘦如柴的矿工们皱着眉头、忍着饥寒，像牲畜一样，背着沉重的煤石在矿井中爬进爬出。

想到这些，他的心中就不能平静，他在校园内低头徘徊，一个又一个问题清晰地留在他心中，促使他奋发求学。他想读许多书，从书中找到解决社会问题的答案。在学校，贺昌除了上课就一头扎进图书馆，博览群书，就连节日放假，他也觉得“虽为吾辈息体之时，光阴亦不可虚度”，而加倍学习。

贺昌曾在《花谢感言》的文章中，这样勉励自己和同学：

“每岁冬日，百花代谢，冬杀之气，令人惊心焉。夫光阴如箭，时不再来。吾侪求学时代，无生计之忧，饱食暖衣，可努力前进，专心向学，以在校之储蓄，出以应付社会，尽国民之天职，立不朽之功业……”

结识进步学生

贺昌在图书馆不仅读了很多书，学到了以前未接触过的知识，而且认识了许多朋友，其中一位叫王振翼，他比贺昌大 5 岁，目光深沉，头发蓬松，为同校第 18 班的学生，当时也在追求革命道路，还在学校主办进步刊物《山西平民周刊》。他与贺昌一见如故，并把《山西平民周刊》推荐给贺昌，使贺昌深受启发。

王振翼向贺昌介绍了山西最早的革命者高君宇的一些情况。他告诉贺昌，高君宇读了很多书，知识渊博，是一位受人信赖的革命先驱，《山西平民周刊》就是在高君宇的指导下创办的。听了王振翼的话，贺昌感到非常振奋，他很想结识高君宇，与高君宇共同探求救国救民之路。

后来，贺昌从王振翼处又借阅了一些书，其中有《新社会观》《共产主义 ABC》《列宁传》等。这些书在学校的图书馆里根本找不到，他从这些书中又懂得了许多革命道理，初步找着了中国人民受压迫、受剥削的原因。他认为，学校的图书馆已无法满足他的求知欲，于是他的目光又转移到了校外。一有空，他就约三五好友，来到附近的钟楼街、鼓楼一带的书店。可是，在阎锡山统治下的太原，他所需要的书刊难得见到，这使得贺昌很失望。

一次，贺昌在一本上海发行的杂志上看到一篇很重要的文章，该文章对西欧各大图书馆做了详细介绍。这篇文章写得很长，把贺昌深深吸引住了，他对世界著名图书馆丰富的藏书心驰神往，感到了人类文明的博大精深和自己知识的贫乏。后来他在一篇作文中以感叹的口吻写道：

“常闻泰西（西欧）各国学校，有图书馆之设，其藏书之胜，报纸之多，诚足以开学子之茅塞，提高教育之程度，故能立国于全球之上，而免鲸吞之祸。”

贺昌在思索，国家要进步，就必须有知识，求知必须读书，这是贺昌步入革命生涯时的重要认识，也是他参加革命后致力于开书社、办平民教育，鼓励工人学习文化知识的一个重要原因。

入学之前，贺昌虽然读了一些进步书刊，但在一些问题上仍然认识朦胧。他同情百姓的疾苦，但不知道如何解救他们；他痛恨社会的黑暗，又找不到改造社会的根本方法；他想“应社会之要求，做中坚之人物”，却又不知从何做起。有许多个夜晚，在青灯黄卷的陪伴下度过，许多问题仍然找不到答案，他思想上的迷惘依然像窗外深沉的夜色一样，使人感到扑朔迷离。

在刻苦读书的同时，他也抽时间深入民间做社会调查。他接触了许多百姓，看到的是贫穷和荒芜，还有一座座破旧不堪的房屋。他听到了不少贪官污吏欺压百姓、作威作福的丑闻。看到这些情况，贺昌更加对当时的社会产生愤恨。他在一篇作文中一针见血地戳破了山西当局的花言巧语：

“吾省长（阎锡山）既为民兴利除害，爱民如子，为何税务日增，使民不堪重负？将来人民贫不聊生，则国家由何而富？”

这里“为民兴利除害”和“爱民如子”等都是当权者喜欢唱的高调，在当时也曾蒙蔽了一些善良的人。而年轻的贺昌却以锐利的目光识破了这些伪装，并进行了无情的揭露。

1920 年 3 月，高君宇参与了北京马克思学说研究会的筹建。五一前夕，高君宇回到山西，经过与贺昌、王振翼商讨，成立了一个以学习马克思主义、宣传社会主义为宗旨的青年学生组织——太原社会主义青年小组，由八九个进步学生组成，王振翼任组长，贺昌任副组长。小组的主要任务为：团结进步学生，学习研究马克思主义，宣传社会主义，推动山西学生运动。由此开创了山西最早有组织的学习宣传马克思主义的先河。

1920 年秋，年仅 14 岁的贺昌与王振翼经高君宇介绍加入北京马克思学说研究会，成为山西加入该学会最早的两个人。从此开始，他们在山西更广泛开展学习、研究、宣传马克思学说的活动。

太原社会主义青年小组成立后，把《山西平民周刊》确定为该小组的刊物。由王振翼、贺昌共同负责编辑，重新确定了该刊“以抱定为人民奋斗为宗旨，不断以山西实况报告世人，代人民呼号，不断将世界思潮输入娘子关内，供给晋民以奋斗之有效途径”的办刊宗旨。规定每周组织小组成员开一次讨论会，组织学习高君宇从北京寄来的《晨报》《每周评论》《新青年》《国民日报》等进步报刊，并号召组员人人发表文章。

贺昌与王振翼在《山西平民周刊》上很快发表了一些揭露社会时弊的文章，博得社会之赞许，但也引起了阎锡山当局的忌恨。阎锡山当局请了一些资产阶级学者到山西大学演讲，宣扬欧洲资产阶级改良主义，迷惑了一部分学生，并指令省立一中对王振翼、贺昌等进步学生以“劝导”为名施加压力、“严加管束”。贺昌与王振翼带领小组成员们毫不示弱、坚决斗争，利用《山西平民周刊》大力宣传马列主义，使其成为山西的一处学习宣传马克思主义的阵地。这更加引起阎锡山当局仇视，1922 年 5 月《山西平民周刊》出到第五期时，由于阎锡山政府命令“邮局停邮”而被迫停刊。

创建太原团组织

1921 年春，高君宇受李大钊的委派，再次回到太原省立一中。夜晚，文瀛湖畔微风阵阵，皎洁的月色照射在校园。在第 13 班的教室里，贺昌等人围着高君宇，一双双眼睛充满了追求真理的渴望。

高君宇说：“李大钊同志认为，要实现无产阶级专政，我们不仅要搞政治思想宣传，而且还有许许多多的工作要做，这就需要一个统一的计划，统一的步调，需要有组织地进行。”

贺昌建议道：“革命没有正确的理论不行，但是有了正确的理论，没有革命的组织也不行。”

王振翼随即提议道：“咱们是应该建个组织了！”

高君宇赞许地点了点头，接着说：“因此，李大钊同志派我到山西来，主要的目的就是希望我们建立一个坚强的革命组织——太原社会主义青年团，以便更好地团结和带领广大青年继承五四运动的光荣传统，反对北洋军阀政府，反对帝国主义更好地为实现社会主义和共产主义而奋斗。”

众人群情激奋地说：“这个建议好，我愿意加入这个组织！”

“我早就期望咱们太原有这个组织了！”

“我早就渴望成为一名光荣的社会主义青年团团员！”

高君宇见大家为此激情洋溢，便提高声音郑重其事地说：“社会主义和共产主义事业是人类最伟大、最光荣、最神圣的事业，但同时也是无比艰巨、充满危险性和曲折性的事业。”

高君宇略停了一下，看看大家接着说：“也许大家都已经很清楚了，不过我还要提醒大家，加入社会主义青年团，就意味着我们甘心用鲜血和生命来换取社会主义和共产主义事业的成功。同志们，大家一定要好好想一想，这可是一个十分庄严而神圣的抉择啊！”

贺昌接着严肃地说：“我也劝大家，一定要三思而后行，加入团组织可不是一时心血来潮、闹着玩的。”

高君宇说：“反动派虽然腐朽没落，可他们是绝不甘心退出历史舞台的。”

贺昌手一挥，神情肃穆地说：“他们必然不惜使用极其凶残的手段来镇压革命。如果要加入这个组织，我们就必须经得起流血牺牲的考验，时刻准备着为我们的事业赴汤蹈火。”

王振翼把紧握着的拳头举向空中，坚定地表态：“为革命抛头颅、洒热血在所不惜，我王振翼早下这个决心了！”

没等王振翼讲完，梁震、高成哲也举起拳头：“我们也早下决心了！”

李毓棠抢着说：“我李毓棠上有兄，下有弟，家中无牵无挂，有什么不能牺牲的？人活着就要活得威武雄壮，有声有色；庸庸碌碌那算什么样的人生？”

贺昌见状也坦诚地说：“我虽然上无兄，下无弟，是我父母日等夜盼盼来的独根苗，可我父母亲理解我、支持我，自从五四运动以来，我就立下为咱们中华民族的前途命运奋斗终身的志向。我向大家保证，无论革命遇到多么大的艰难险阻，我贺昌都会一往无前，义无反顾。”

高君宇对大家的表态十分高兴：“好，听了大家慷慨陈词，我就看到了大家的烈烈肝胆，看到了我们山西的希望、祖国的希望！大家不愧是咱们三晋人民、咱们中华民族的好儿郎！”说着从随身带着的小包里掏出一张叠着的大红纸捧给大家：“这是李大钊同志在百忙中亲手书写的，你们看。”

贺昌接过大红纸打开与众同学一起观看，上面写的是入团誓词。

众人纷纷表示：“能，这上面写的，我们能做到。”接着把脸转向高君宇：

“就带领我们宣誓吧！”

贺昌接着把入团誓词端端正正地贴在墙上。

高君宇：“那我们就来举行入团仪式吧。”

“好！”众人说完在誓词前排成两行。

高君宇引领大家宣誓：“我们志愿严格服从组

织纪律！”

众人齐声宣誓：“我们志愿严格服从组织纪律！”

“低点声，大家低点声。”高君宇说完用低沉而坚决的声音喊：“绝对保密！”

众人亦用低沉而坚决的声音：“绝对保密！”

高君宇：“紧密团结！”

众人：“紧密团结！”

高君宇：“积极奋斗！”

众人：“积极奋斗！”

高君宇：“忠心耿耿！”

众人：“忠心耿耿！”

高君宇：“永不叛变！”

众人：“永不叛变！”

这一夜，高君宇讲了许多问题，他谈到了中国的现实，抨击了帝国主义的侵略，分析了中国反帝反封建革命。他还指出，中国社会只有通过革命才能得到根本改造。夜深了，大家都毫无倦意，那盏小小的油灯一直亮到东方泛白。

1921 年 5 月 1 日，以“唤醒劳工，改造社会”为宗旨的太原社会主义青年团在山西省立第一中学正式成立了，王振翼任支部书记，贺昌任支部委员，以《山西平民周刊》为团刊。这是山西第一个具有共产主义性质的进步组织。

太原社会主义青年团成立后的第一次会议，提出要继承五四运动的光荣传统，反对北洋军阀政府，反对帝国主义，努力宣传马克思列宁主义，学唱《国际歌》。还规定了团的纪律：每个团员要服从组织纪律，要绝对保守秘密，每周开一次小组会。同时起草了团的章程和计划，进步刊物《山西平民周刊》归到团组织的名下，成为太原团组织的宣传阵地。

团组织成立之初，要干的事很多，马列主义需要宣传，学生组织需要建立，工人运动需要开展，等等。但他们只有 8 个人，力量非常单薄。贺昌和王振翼经过商量，认为工作应该循序渐进，从一点一滴做起。恰逢五四运动两周年纪念日，贺昌等 8 个团员又约来一些进步学生，分成四路，利用课余时间，把高君宇带来的《共产党宣言》小册子和印制的 2000 份传单，散发到附近的工厂和学校。这是《共产党宣言》在太原的第一次较大范围传播，产生了比较明显的政治影响。

领导太原团工作

1921 年暑假，贺昌、王振翼为了更广泛宣传马克思主义，受高君宇嘱咐并与回太原休假的北大学生王昉(孟昭)商量，决定开办晋华书社，书社的宗旨是传播、推广新学说、新文化。采取入股的方式筹集资金，每股 5 元。由王昉出面，联络了张法古（张稼夫）、王静波、阎道生、张锡恩、柴九恩、郭秀峰等发动进步青年学生集了 40 多股。在省立一中召开股东大会，选出 9 名董事、5 名监察。经团组织研究，推举股东、商业专门学校的团员姚锝任经理。贺昌、王振翼都入了股，以股东的身份领导书社的筹建。9 月，晋华书社正式开业，选址在太原市闹市区开化寺东边的一间房子里，后来又移至桥头街路北。书社除销售一般新书外，大量出售和翻印马克思、恩格斯、列宁的著作及其有关的书籍，还销售共产党、共青团、中国劳动组合书记部(全国总工会前身)等中央机关的报刊，《建设杂志》《新青年》《共产党月刊》《俄国十月革命纪实》《中国青年》《先驱》《新社会观》等，秘密翻印《共产主义与共产党》《共产主义 ABC》等小册子，使书社成为又一处名副其实的传播马克思主义的阵地。

10 月，贺昌与王振翼领导同学们，经过与学校当局的反复斗争，在省立一中组织了“青年学会”，贺昌、刘廷英为领袖，由贺昌编辑出版的《青年》创刊，设了图书馆，开办了平民小学，都把宣传马克思主义列为重要内容，成为太原的第三处学习、宣传马列主义的阵地。

刘廷英后来写文章回忆说，当年经贺昌介绍加入“青年学会”并安排其任过平民小学校长。新中国成立后任北京市委书记、后任第六届全国人民代表大会常务委员会委员长的老一辈无产阶级革命家彭真，1990 年谈到建党初期的一些情况时说，在山西，思想上打开阵地，宣传马克思主义的也是《新青年》，还有《山西平民周刊》、晋华书社等。

贺昌在太原还领导一些进步学生和青年创办了一个“觉民派报社”，通过各种渠道设法购进各种进步书刊和马列的一些著作，宣传革命思想、宣传马列主义。老一辈无产阶级革命家薄一波在回忆中说：“那时在太原山西省立国民师范上学是该报社的常客，在那里通过读《向导》《中国青年》《共产党宣言》等革命报刊和书籍，认识到马列主义能够救中国，开始信仰共产主义，走上革命道路。”

1921 年秋，王振翼于省立一中毕业后考入北京大学预科，贺昌接任太原社会主义青年团支部书记，成为太原团组织主要领导人。太原团支部是山西的第一个社会主义青年团组织。比中国共产党的成立早两个多月，比中国社会主义青年团成立早一年，属中国早期社会主义青年团组织，贺昌等为中国早期青年团员。

因当时团中央还未成立，所以各地团组织的成分也相当复杂，思想认识也不统一。有信仰马克思主义的，也有信仰无政府主义、基尔特社会主义、工团主义的，尤其是无政府主义思想严重影响着青年团工作的开展。11 月，在国际少年共产党指导下，成立了中国社会主义青年团临时中央局，确定中国社会主义青年团为信奉马克思主义的团体。

之后，贺昌遵循临时团中央的要求，对太原团组织进行整顿，对团组织内存在的无政府主义思想与和平妥协思想展开了斗争。

有的人要介绍无政府主义信仰者入团，贺昌不同意吸收，明确指出："团组织是信奉马克思主义的，只有实行无产阶级专政，革命才能成功。"

还有的人主张与民族资产阶级联合，贺昌指出："我们的革命是无产阶级革命，根本不同于资产阶级。"

经过整顿，清除了一些不合格团员，吸收了一批信仰马克思主义的进步青年学生入团，壮大了组织，提高了战斗力。

1922 年 5 月 1 日，为纪念五一国际劳动节和太原团组织成立一周年，贺昌自己执笔编辑《五一特刊》，登载的 10 余篇文章都是团员们通过调查研究写出来的，文笔犀利、观点鲜明、尖锐深刻，很富有教育与鼓动性，在太原产生了很大的影响，引起了团中央的高度重视。阎锡山当局对此刊的出版极力干涉，命令印局不准代印，致使未能正式出版。

1922年5月5日至10日，中国社会主义青年团第一次全国代表大会在广州召开。根据会议精神，王振翼来到太原与贺昌、李毓棠等太原团的领导研究了太原团的工作。贺昌等根据团的一大通过的《青年工人农人生活状况改良的议决案》提出的“我们对于青年工人农人生活状况改良，应该尽最多最大的力量”要求，经过认真分析研究，决定由太原团支部领导，组织太原大国民印刷厂工人罢工。

太原大国民印刷厂是一个有60多名工人的私人企业，劳动条件极差，工人每天劳动时长达16个小时，工资微薄。工头更是资本家的走狗，百般虐待工人，工人对其愤恨不已，曾团结起来将其赶走，但没过几天厂主又将其请回。工头回厂后，气焰更加嚣张，随意打骂责罚，工人更是苦不堪言。

为了改善工人生产生活状况，贺昌领导太原团支部组织发动该厂工人罢工，与资本家展开斗争，亲自起草《罢工宣言》和《告工人群众书》，并印成传单广为散发，还在宁化府为罢工工人准备了食宿。5月16日太原大国民印刷厂工人开始罢工，点燃了太原工人罢工之火。

第二天，贺昌、王振翼等为了动员更多工人参加罢工和争取各厂矿工人支援太原大国民印刷厂工人罢工，在纯阳宫召集全市工人代表开会，散发了《罢工宣言》和《告工人群众书》，号召工人们"团结起来实行同盟罢工，与资本家斗争"。会后，又指导工人呈请警察署，要求成立太原印刷工会。

由于这是贺昌等人第一次组织罢工，缺少实际斗争经验，加之有的组织者不是很得力，阎锡山当局又多方威胁破坏、利益引诱、收买人心，致使罢工最终失败。但是，通过这次罢工，使工人们认识到了团结斗争的力量，更加认清了资本家及政府当局的反动，提高了觉悟，激发了更大的斗争决心，吸引了更多青年学生、工人加入团组织，使团组织日益壮大，为太原社会主义青年团地方委员会的产生奠定了组织基础。

根据团章规定，9 月贺昌领导的团支部成立了山西第一个中国社会主义青年团太原地方委员会，当年贺昌 16 岁，被推选为首任团地委书记。当时，山西还未建立起共产党组织，许多革命领导工作便落在了团地委和贺昌肩上，他和团地委不仅领导学生、青年、工人运动，还扩展到领导山西整个民众革命运动。

10 月，贺昌领导太原团地委发动太原省城人民开展了争民权运动。在太原团地委领导下，由太原学生联合会牵头，联合各学校教职员工和下级公务员在文瀛湖畔太原市政公所门前，召开 5000 余人参加的争民权大会，成立了太原民权运动大同盟，痛斥军阀政府，揭露军阀勾结帝国主义列强压制人民革命、祸国殃民的罪行，宣传了争取的四大目标：“一是集会、结社、言论和出版的自由；二是实行普遍民选；三是劳动立法；四是男女平等。”

11 月 7 日，为纪念苏俄十月革命胜利五周年，贺昌领导太原团地委与太原学生联合会、太原各进步团体召开纪念大会，他以大会主席的身份介绍了十月革命的伟大意义和中俄外交状况，主张中国与世界被压迫民族同苏俄联合，以摆脱帝国主义的欺压。

12月24日，第一届太原团地委届满，贺昌主持召开团地委全体会议，选举产生了贺昌、李毓棠、石钟秀、毛寿恩、张育麟等5名团地委执行委员，贺昌又一次当选为团地委书记。

驱赶反动坏校长

贺昌在山西省立一中时的校长魏日靖为人奸诈狠毒，向来不赞成学生谈论政治，更是反对革命。五四运动后，魏日靖由于镇压学生运动有功，阎锡山将其由学监升为校长。他秉承阎锡山旨意，一面伪善地劝学生不要上共产党的当，要善履学业，不然考不上大学，将来也成不了气候；另一面却采用各种手段刁难打击进步学生、阻挡学生革命活动。如规定每星期进行一次考试，考试不及格留级、不准请假、缺课就记过或开除。1922 年暑假考试，学校故意出难题、偏题、怪题，致使 200 多名学生不能升级，10 多名进步学生被无理开除，贺昌等也被列入开除对象。

魏日靖的破坏活动激起了全校学生的反感。暑假期间，贺昌与李毓棠、刘廷英等团员分头发动学生搜集魏日靖的反动罪行材料，研究起草学生罢课宣言、罢课口号以及人员分工等事宜，为组织学生罢课、驱赶反动校长作了认真准备。

9 月初，贺昌领导太原团地委在省立一中发起驱赶校长魏日靖学潮。开学的第二天，贺昌、刘廷英以“青年学会”的名义召集全校学生在学校大礼堂开会，历数了魏日靖宗宗打击进步学生的罪行，讨论通过了“罢课宣言”“反对封建专制”“要求政治活动自由”“打倒坏校长魏日靖”等口号，并对驱赶坏校长出校作了部署。散会后，刘廷英等 19 名学生冲入校长室，将魏日靖抬出校门，并警告他不准再进学校，宣布学生罢课开始，要求阎锡山政府撤换坏校长。

阎锡山政府得知此事后决定不另换校长，学

生们也坚决不让魏日靖回学校，并声明如不撤换坏校长，学生就不复课。相持半月后，阎锡山命令省教育厅通知省立一中教职员工到省公署，亲自主持召开座谈会，说服教职员工在没校长的情况下先复课。但教职员工知道事情难办，没有答应。阎锡山担心事态扩大，影响到其他学校，于是恼羞成怒，大施淫威，又派政务、警务、教育等 3 个厅长带一队警察前往平息事态，当天警察抓捕了 19 名进步学生，3 个厅长留下召集全校学生在大礼堂开会，由教育厅厅长训话，试图威逼学生复课。

但学生们毫不畏惧，坚持斗争。教育厅厅长训话刚开头，在贺昌的指挥下学生一阵混乱，纷纷涌上讲台质问警方：

"你们为什么抓人？"

"我们学生何罪之有？"

"我们到底犯下了什么罪行，你们竟要逮捕我们？"

警方无言以对，学生们拉住被抓同学不让带走，警察推打学生，双方厮打起来！

山西省政务厅厅长、山西警务厅厅长，还有

学校的副校长纷纷严厉地说：

“你们犯了法，自然是要逮捕，这有什么可问的！”

众学生义正辞严地高呼：“随便抓人才是犯了法，你们快放人！”

贺昌挺身而出质问 3 个厅长：

“我们驱赶校长自有我们的理由，你们怎么能不问青红皂白，一上来就随便抓人？”

3 个厅长一齐瞪起眼来：“你们敢胡来，一并抓起来。”

这时，台上台下众多学生一齐挺起胸膛大声地呼喊：“要抓就把我们全部抓起来吧，我们都是赶校长的人！”

3 个厅长见状脸色大变，吓得转身就要逃走。

学生们急忙扯住他们：“别走！你们到底放不放人？”

3 个厅长急忙反抗：“怎么，你们要干什么？连我们也不尊重？”

学生们并不答话，在贺昌等人的指挥下一齐动手，连推带拉，把 3 个厅长锁进教室里。

阎锡山得知3个厅长被学生们关起来后，大动干戈，派一个步兵营去省立一中镇压。学生们将校门关闭，手持棍棒和军训用的枪守卫在学校围墙下面。军警进不了学校，也不敢退让，相互对峙三天三夜。学生们警告说，不放被捕的学生，3个厅长就不能出校。阎锡山看到不能压服学生，暗中派山西教育学会会长亲临学校调停。贺昌、李毓棠代表学生据理力争，最后在保出19名被捕学生后，释放了3个厅长，但学生们始终坚持不撤换魏日靖便不复课。

学生驱赶坏校长斗争持续到3个月时，阎锡山又施诡计，一面威逼学生家长动员或替子女转学到新建的进山中学上学，一面以凡转学者发给棉大衣一件、点心一包为引诱。于是有相当一部分学生家长或亲友替自己的孩子到进山学校报了名，斗争受到严重影响。贺昌等立即召开会议，用一些活生生的事例揭露阎锡山政府企图破坏学生反对坏校长斗争的阴谋，使学生们明白了真相，于是纷纷又回到省立一中，团结起来继续斗争，阎锡山的阴谋未能得逞。

1923年春节刚过，贺昌等学生领袖得知北洋政府外交官要陪同美、英等国公使到太原参观，美国也派人来山西考察地方教育。为此，阎锡山动用军警驱赶饥民出城，将城内服饰整齐的学生调到城郊要去考察的学校装门面。贺昌等就领导省立一中学生，利用这个机会秘密进行着赴省公署请愿的准备。

当外交官和外国公使刚到山西省公署客厅时，省公署门前突然出现了省立一中学生请愿团，“要求撤换坏校长魏日靖”的口号声震耳欲聋。阎锡山对此极为惊慌，生怕露出丑相，赶紧派新上任的教育厅厅长出面接受了学生的请愿书，并宣布了另换校长的决定。

新任校长李贵德，政治态度灵活，又慑于学生运动的压力，对学生的集会、结社和政治运动持不予干涉态度，并允许中共中央和社会主义青年团中央派人来太原时，可以以学生亲友名义在校内留宿。这样持续了半年之久的学生驱逐坏校长斗争终于取得了胜利。

阎锡山虽然撤换了魏日靖，但是对进步学生

的压制有增无减。他先是查封了进步刊物《山西平民周刊》，后来又对王振翼、贺昌等人软硬兼施，要他们停止革命活动。王振翼离开太原后，当局把迫害的矛头集中在了贺昌身上。

1922 年年底的一个晚上，阎锡山拉拢贺昌之父贺雨亭，准备了一桌丰盛的酒席，在几番吹捧和殷勤后，阎锡山露出了狡猾阴险的嘴脸。

“你为老家和来太原后做的好事多着哪，我都听说了。你为社会做事理当受到尊重，可你别光忙了公事，忘记了培养教育自己的孩子，使孩子上了共党分子的当，硬要搞什么共产，这可实在是太遗憾了。”

“你儿子听信了共党那一套，一面散布那些歪理邪说，一面攻击骂我。”说着拿出一个本子：“你看，这就是你儿子的作文。”说着用手指着里面的一段话念起来……

见贺雨亭并不反对孩子的所作所为，阎锡山又开始了封官许愿：

“你回去劝劝儿子，只要他回心转意，我就安排他当厅长，让你更体面！”

贺雨亭眉头紧皱，听而不答。

种种利诱都不见效果，阎锡山最终摊了牌："如果贺昌还是一意孤行，胡来的话，那我也就只能是公事公办啦！那样的结果我想是我们都不愿意看到的。"

贺雨亭性格耿直，对高官厚禄视若浮云，但他不能不为儿子的安全担心。思来想去，他还是把面临的威胁告诉了贺昌。

贺雨亭声音低沉地说："阎锡山说了许多给咱父子俩封官许愿的话。"

贺昌冷静地回答："孩儿早已以身许国，金钱、名利和地位孩儿都不爱。"

"可他话里也藏着杀机。"贺雨亭声音微微颤动，担忧之情一语难表。

"坐牢砍头孩儿也全不怕。"贺昌用镇定的目光深情地望着父亲。

"好，我儿子到底没有辜负爹妈的希望！"贺雨亭舒展眉头，露出了欣慰的笑容。

"可孩儿就是时常深深地感到对不住您和我妈，儿欠你们的太多了。"

贺昌深深地理解自己的父亲，看着父亲憔悴的面容，往事一幕幕涌上心头，他感到对不起父亲。可是一想到中华民族的深重苦难，想到水深火热的工农大众，贺昌就觉得自己有责任解救他们。

“为了民族和国家的兴衰，为了劳苦大众的利益，我什么都不怕！”听到贺昌如此坚定的话语，贺雨亭赞赏地用他慈爱的大手拍了拍贺昌的肩膀，好像把自己心中那份力量也传递给了他。

03 好男儿志在四方

为革命以笔作刀枪

1922年10月30日，第一届团中央执行委员会在上海召开第21次会议，批准团中央执行委员蔡和森、高君宇、俞秀松等3人因专做党的工作而请辞退出团中央领导，并决定“提出朱务善、阮永钊、贺昌三同志为中央委员，以补辞职三委员之缺，俟得各地方同意后即决定”。就这样，同年12月，贺昌担任团中央执行委员会委员，成为当时团中央执行委员中年龄最小的委员，也成为团的历史上年龄最小的中央执行委员。

1923年2月，贺昌担任团中央经济部主任。当时团中央执行委员会设立了书记部、经济部、宣传部3个工作机构，经济部的职责是掌握改良工人农人经济状况等事。当月，贺昌到北京团中央工作。

到任后，他认真总结青年学生运动的经验教训，以笔作刀枪，接连在全国当时很有影响的《北京学生联合会日刊》发表文章，明确提出学生运动必须为劳动群众利益奋斗；必须既打倒封建军阀，更要打倒帝国主义；必须与民众结合，与苏俄联合结成反帝反封建统一战线等重要见解，指导全国学生、青年运动。

3月2日，全国学生联合会会议在上海召开的前一天，贺昌发表了《学生运动的使命》一文，标题下面突出地写着“集合全国学生于明确的革命目标下面，为了劳动群众的利益而奋斗”。

文中他分析到，五四运动后，革命的火焰渐渐地消沉下去了！当时气焰极甚的革命少年，大多数都埋头伏案在研究室里、实验室里，不问世事；其余的以为政治万恶，便以清高自得，专门做“社会运动”去了。而事实呢？横暴的军阀将教育经费拿去征兵练将，争夺地盘，故教育经费久欠而不发，学校濒于破产。先之以教员罢工，继之以学生罢课，光阴似箭，便将好几年虚掷过去，学问恐怕一点都没有得着。至于专门做社会运动的先生们，受横暴军阀的压迫，件件都失败了！但他们都还不奋然觉悟！而后继之以京汉路工会2月1日开会被大军阀吴佩孚禁止，二七大罢工工人被屠杀，及学潮被压迫，大家都急于要另外寻一条可走的路前进。于是“打倒军阀”，成为普遍的口号，革命火焰蒸蒸日上了！

文中还深刻揭露了最近一个世纪以来，国际帝国主义均向中国进攻，把经济的命脉——铁路、矿山操纵在他们手里，成为中国的太上政府，纵横于政治舞台，兼勾结国内的军阀，或明或暗地资助军火与军饷，拨弄是非，引起争战，使军阀同室操戈，互争雄长，战争连年不止，兵匪横行。贺昌由此得出结论，“我们十分的肯定：国际帝国主义在中国的压迫存在一日，就是军阀被打倒，中国仍然还是钳制于列强压迫之下，无独立可言”。他号召大家：“要破坏旧军事组织解决封建军阀的武装，除‘革命’外无他法了”，“我们自由和政权的获得，只有争取打倒军阀和国际帝国主义压迫的一条了”，“要集合全国学生于打倒军阀和国际帝国主义的目标下面，抛弃了一切和平改良的观念，采用‘革命’的方法，并且要亲切的站在劳动群众利益的前面而奋斗”。

同时，贺昌读了《北京学生联合会日刊》登载的“苏俄学生援助学潮通电一则”和全国学生联合会给孙中山先生的电文后，又立即赶写了《读苏俄学生的电文以后》一文，提出了与国民党、与苏俄联合反帝的主张，于1923年3月8日发表在《北京学生联合会日刊》上。

他在文章中深刻揭露了帝国主义的罪行，指出国际帝国主义侵略中国的事实与野心早已毕露无余，并且现在还是拼命地掠夺中国的富源与劳苦人民的血汗，时常在压迫中国独立与自强的运动，所以帝国主义是中国唯一辣狠的仇人，正如苏俄学生所说的一样。事业指示我们，只有打倒中国的军阀是不够的，还须积极地做反对帝国主义的运动呀！贺昌告诉学生们，要知道民主革命是一件很重大的工作，不是我们学生单独能够做成的，只有建筑在民众的基础上面，做有组织有纪律的统一的国民革命运动才能达到目的啊！苏俄已将资本主义奴隶的铁锁击碎，努力援助土耳其国民党与远东弱小民族做反抗外力与军阀的事实，已经给我们证明了他是真正为了全世界被压迫民众利益而奋斗，与苏俄应结成亲密的联合战线，以打倒帝国主义与军阀，中国革命的人民群众才能达到经济、政治和民族的完全解放。

3月29日，《北京学生联合会日刊》头版《论坛》首篇位置登载了贺昌写的《反抗帝国主义》一文。文中列数了外国帝国主义勾结支持军阀惨杀、压迫京汉铁路、唐山、汉口、上海争取自由的工人，扑灭工人革命组织——工会，封闭学生革命大本营——全国学生总会等压迫革命的学生运动、仇视中华民族独立的罪行。他发出呼吁：革命的同学们！我们最近的运动，是要谋中华民族的独立，争取被压迫国人的自由和安全。但向来的运动，只做“打倒军阀”的宣传，而对于国际帝国主义者扑灭革命的势力（如英国帮助陈炯明，美国帮助吴佩孚），压迫劳苦的群众（如唐山、上海、汉口等地英帝国主义者惨杀工人）等事实，我们只持隔岸观火的态度，一声不响，间或援助，也不过是虚文应酬，“素来没有如宣传打倒军阀的热忱做过援助劳苦群众反抗帝国主义的运动”，这完全是错误呵！我们要争“民族独立”，应当反抗列强的侵略。然而这重大的工作，应当跟着有经济的地位、有严格的组织、占社会最大多数而且勇于奋斗的工人阶级一致进攻，并且须与苏俄和一切被压迫民族建立“反抗帝国主义的联合战线”。贺昌还提出了今后运动的主要任务：内除国贼封建的军阀和丧权辱国的政府及违法殃民的国会，外争国权否认列强侵略中华民族的条约和反抗助长军阀作恶的行动。

6月21日，贺昌在石家庄还写了一篇题为《第二次全国大会最重要的一个使命》的文章，对团的第一次全国代表大会后团工作的经验教训进行了总结，提出今后团的工作应特别注意的几个问题。

他深刻反思了当前团工作存在的问题，认为一年来的最大错误和教训是：都热泼泼地跑到学生群众里去活动，大多数团员的眼光都射到学生运动上面，所有的精力都消磨于学生运动里边，而对于处在工厂主加倍剥削底下的男女童工是未曾做过一次的经济奋斗，而且大多数同志都漠视这种工作，不觉得他们的重要，对中央执行委员会几次通告，令各地方注重在青年工人中间的运动，而各地执行者实属寥寥，这一方面证明了本团还没有成为为青年工人利益奋斗的团体，另一方面显示本团成为学生团而不是青年工人群众的组织。贺昌提出：应竭力在青年工人中间进行文化运动，予青年工人以政治的教育——革命的教育，来得到青年工人群众的信赖，且能吸收其中最进步最能干最有阶级觉悟和最有革命精神的分子加入我们的队伍，渐渐将本团的基础建筑到青年工人上面，使本团成为无产阶级革命的先锋军敢死队。贺昌还总结了团工作的4条经验，即在工会中须拥护青年工人与成年工人内的联合战线；在工厂中须组织起本团的核心——小组；须注重青年工人特殊的经济奋斗；须注重在青年工人中间做革命教育和文化运动。贺昌的这篇文章提出的许多观点与意见得到中国社会主义青年团第二次全国代表大会的认可，予以采纳写进了大会通过的有关议决案中，成为研究中国社会主义青年团历史的重要文献。

领导山西工人运动

贺昌加入青年团后不久，即转为中国共产党党员，是山西早期的党员，也是山西早期工人运动主要领导人。贺昌非常注意投入相当的精力开展工人运动工作，他领导太原团地委与太原的其他革命团体合作开办了工人夜校，教工人识字、学文化。他还经常到工人夜校讲课，向工人进行马列主义和无产阶级革命教育，以提高工人政治觉悟，奋起革命解救自身。他常深入工人中间，了解工人疾苦，讲述革命道理，启发工人革命，受到工人的爱戴、拥护。

1922 年 11 月，为反抗法国资本家的剥削压迫，贺昌领导太原铁路工人参加了正太铁路总工会组织的第一次全线工人罢工。罢工坚持了 12 天，迫使资本家接受了工会提出的加薪、准许工会乡路局介绍雇工、由交通局开办工人子弟学校、假日工资照发、工作时间不得超过 10 小时、给车务处和挂钩、护路工人发皮袄、满 1 年的雇工转长期工、罢工期间工资照发、因工死亡发 1 年的薪金、给工人发乘车免票等 12 项要求。

12 月中旬，因正太铁路局和法国资本家对 11 月罢工中答应工人的 12 条要求迟迟不予实行，正太铁路总工会发动第二次全线总罢工。罢工中，贺昌领导太原铁路工人组织了宣传队，向工人和社会广泛宣传路局与法国资本家欺压工人的罪行，宣传总工会发布的“罢工宣言”，宣传总工会向路局与法国资本家提出的 8 条更高要求：（1）分三等加薪及加薪标准；（2）以后每年照上标准加薪；（3）路局用工须先接纳工会介绍者；（4）除星期日，国家例假、重要纪念日放假外，每年给 20 天特假，假期工资照发，如加班发双薪；（5）工作时间不得超过 8 小时，否则照所增时间加薪；（6）工伤路局照发工资，因公致残，除发 3 年工资抚恤金，工资发至死后3年，因公死亡发丧葬费，遗恤金30年，做工满20年或30年者，55岁后发养老金;（7）路局发工人及家属本路长年免票和全国免票3次;（8）路局每月资助工会及工人学校200元。贺昌为保障罢工的顺利进行，领导铁路工人组织了工人纠察队，保护工人安全，确保了罢工顺利进行。经过全线团结一致的斗争，路局和资本家被迫接受了上述条件，第二次罢工又取得胜利。

京汉铁路罢工二七惨案发生后，贺昌立即在太原工人中进行宣传，并领导太原铁路工人举行同盟罢工。阎锡山当局出动军警镇压，查封了太原分会，搜走了会旗、会章并通缉贺昌等工人领袖和罢工积极分子，开除了数十名罢工工人。贺昌毫不畏惧，还动员省立一中、省立女师、山西工业专门学校等募捐了2000多块大洋，派团员送到郑州，支援京汉铁路工人斗争。

不知不觉中，贺昌已在太原学习、生活和战斗了3年多的时间，由一名热血青年成长为山西革命运动的“领袖”人物之一。

贺昌积极的工作，推动了山西革命运动的发展，但也越来越引起阎锡山反动当局的仇视。贺昌有时为了摆脱跟踪的特务，一个晚上就要改换好几个地方，他凭着过人的胆识和对革命的忠诚，与反动当局进行着勇敢顽强的斗争，至今流传者不少动人的故事。

1923 年年初，党为了贺昌的安全，调他到北京团中央工作。贺昌的离去，引起了父亲贺雨亭无限思念。他不知道儿子将去何方。在父亲的心中，贺昌还只是个 17 岁的孩子，从小就生活在自己身旁，从未有过单独离开。

然而就在要离开太原的头一天晚上，贺昌仍坚持印了好几百张传单，准备在第二天到车站乘车时找机会散发。

第二天，贺昌到了车站，走进站台。站台上人头攒动，旅客们正准备上车，贺昌见这是个散发传单的好机会。于是呼啦一散，传单像雪片一样，落在人群里。这时旅客们顾不得上车，都抢着看传单。贺昌趁着这个机会，转身从容地上了车。

就在发车铃快要响起的时候，阎锡山接到报告，气急败坏地给站长打来电话：

“这班开往北京的车厢里有共党，说不定又是那个姓贺的在捣鬼。立刻停止发车！”

站长刚刚撂下电话，车站已经被阎匪的特务紧紧包围了。就在这时候，贺昌走到车长面前说：

“车长先生，我就是他们要抓的人，刚才你看过的传单是我散发的。”

车长一听吃惊地问道：

“你是什么人？”

贺昌微微一笑，平静地回答说：

“我就是贺昌”。

车长听后焦急地说：“这么多特务在抓你，这可怎么办？”

贺昌低声地说“你若想帮我，就请跟我走。”说完，拉着列车长就走进了车长室。

又过了几分钟，只见从车长室走出来两个人：一个是年老的旅客，一个是年轻的车长。那年老的旅客慢腾腾地走进车厢里找座位去了，那年轻的车长身穿蓝呢制服，头戴圆顶车长帽，手拿着红绿旗，镇定地走上站台。

这时候，特务们像疯狗似的守住每个车厢的入口，气势汹汹地要搜查每个进出车厢的旅客。就在那位年轻的车长走下车门的时候，为首的特务闯到他跟前，问道：

“车长，你的车里有共党，你知道吗？”

年轻的车长佯装不懂地惊问：

“共党？什么是共党？”

特务眼睛一瞪说：

“共党就是咱们的死对头！刚才上方有命令，不准你们发车，咱们要立刻上车搜查共党！”

年轻车长耸耸肩、撤步走到一边说：“既然这样，那就请诸位上车搜查吧！”

特务们跳上车，凶神恶煞般地搜查起来，甚至把七八十岁的老头全都搜查了一遍，可仍然找不到共党。1 个小时后，特务们垂头丧气地下了车，年轻的车长走上前去，问道：“搜到没？”

特务们摇头不语。

年轻的车长又问：“现在可以发车了吗？”

特务们点点头，无奈地走下站台。

年轻的车长摇了摇绿旗子，发出了发车的信号，在车辆缓缓启动的瞬间，抓住扶手最后一个登上了列车。几秒钟过去后，这辆火车像一匹脱缰的战马奔驰而去。

等特务们发觉那位年轻的车长就是他们要抓捕的贺昌，已经为时晚矣！

上海求学再度深造

1923 年 8 月，贺昌赴南京参加了中国社会主义青年团第二次全国代表大会，他所领导的太原地区团的工作受到大会的称赞。会议决议中指出：太原是唯一与中央有密切关系的地方团组织。会后，贺昌被党组织送到上海大学，专修马列主义理论。

上海是中国革命的摇篮。1921 年 7 月，中国共产党就在这里诞生。上海工人阶级的力量也非常雄厚，中国劳动组合书记部成立后，也曾把总部设在这里。在党的领导下，上海工人阶级同帝国主义和封建势力展开了英勇的斗争。贺昌对上海仰慕已久。初秋，他迎着晨风徜徉在黄浦江畔，不禁想起了太原的日日夜夜，想起了亲爱的母校，还有他那些朝夕相处的同志和朋友们，不尽的思绪就像面前波涛滚滚的黄浦江，使他无法平静。

上海大学设在闸北西宝兴路青云里，是当时传播马列主义理论的最高学府，也是党培养革命干部的熔炉。学校规模不大，只有十几幢房子，虽简陋，但十分庄严。学校设有社会学系、中国文学系、英国文学系、美术系等。当时许多著名的共产党员和进步人士都在此任教。主持校务的校务长是邓中夏，当时名邓安石。负责社会学系的是瞿秋白，还有颇有学识的进步知识分子陈望道、沈雁冰（著名作家矛盾）、郑振铎、田汉、丰子恺等。贺昌在太原时，就读过他们的文章，对这些人仰慕已久。这次相见，倍感亲切。

在他的印象中，邓中夏充满朝气，留一头乌黑的长发，两只眼睛特别有神，非常锐利；瞿秋白学识渊博，谈吐温文尔雅，鼻梁上架着一副深度近视镜，显得坚定沉着；张太雷生性活泼，充满了革

命的乐观主义精神；蔡和森做事严谨，对学生要求非常严格；萧楚女谈吐诙谐幽默，给人一种轻松愉快的感觉。

在他们的引导下，贺昌的思想更加成熟，马列主义水平提高很快。他参加了学校举办的“社会科学研究会”“社会问题研究会”等组织，在这里大家可以畅所欲言，不受限制。不停地读书，热烈地讨论，不论月黑风高，也不论晨风暮雨，贺昌都读书不辍，他被马列主义理论的博大精深和革命先驱们深入浅出的讲解深深吸引了。

贺昌在上海大学的时间虽然短暂，但思想上的收获却很丰厚。在这里，他进行了一次系统的马列主义理论学习。1923 年秋，当清冷的秋风吹遍了大地的时候，贺昌带着党组织的重托，回到了北方。他先到了北京，见到了高君宇。

贺昌发现，高君宇比他们上次相见时候又清瘦了许多。此时的高君宇年仅 27 岁，却因劳累过度，已染上了肺病。他不时地低下头去咳嗽，蓬松的头发随着他剧烈的咳嗽声在不停地颤动。

故友相见，分外亲热。他向高君宇介绍了

在上海的所见所闻，还谈了在上海大学思想上的收获。

高君宇也给他讲了北京的情况：

“全国的革命形势发展很快，孙中山先生在中国共产党的帮助下，正在改组国民党，国共合作，共同反帝反封建的局面很快就会形成。”

从高君宇的口中，贺昌还知道，高君宇仍在带病坚持工作，并在《向导》《政治生活》等党内刊物上发表了许多理论性文章，对建立革命统一战线的意义和前途做了探讨。

那天，高君宇和贺昌从全国的革命斗争又谈到了山西的革命斗争。高君宇认为：“与全国的革命斗争相比，山西的步伐相对慢一些，这一方面是因为阎锡山对革命的残酷压制，另一方面是由于山西革命力量太弱小，尤其是没有成立党的组织。”

贺昌听了，深有同感。

他们商定，无论如何要把山西的革命斗争发动起来，首先要恢复 1922 年被山西当局查封的《山西平民周刊》，加强革命理论的宣传，为山西建党做好准备。高君宇还决定《山西平民周刊》在太原不能办，可以先在北京复刊，然后通过铁路工人秘密运回山西发行。1923 年 11 月 1 日，《山西平民周刊》终于在北京复刊了。它就像最勇敢的“战士”一样，为了维护人民利益继续英勇地战斗。

大刀阔斧安源之行

1923 年 10 月，中共中央、中国劳动组合书记部决定派贺昌到安源路矿从事工人运动。贺昌到任后，担任安源路矿工人俱乐部文书股长及《安源月刊》总编之职，主要是创办《安源旬刊》并参与组织了 3 次工人大集会。

安源路矿是江西省萍乡县的安源煤矿与由煤矿到湖南省株洲的铁路的合称，驻安源。安源煤矿初期有工人 3600 余人，20 世纪初发展到 1.7 万余人，年生产煤 95 万多吨，为当时全国十大厂矿之一。中国共产党成立后，对安源工人斗争十分重视，毛泽东曾来安源作调查，李立三、刘少奇、陈潭秋先后到安源从事工人运动，建立了社会主义青年团和共产党组织及工人俱乐部(工会)。贺昌到安源路矿时，正是帝国主义和军阀在二七惨案后，又极力镇压中国工人运动(除广州、湖南外)，各地工会组织陆续被封闭或溃散，工人运动陷于低潮。

此时，安源工人运动在全国工运低潮中，也由进攻转为退守，并密切注视敌人动态，加强防范，随时反抗，确保了安源工人俱乐部没有被破坏。同时，党中央为安源制定了一方面接待从各地转来的革命同志，为党保存集聚干部力量；一方面整顿队伍，培养和训练干部输送到全国各地，恢复和开辟新的革命工作的新方针，将罢工运动中暴露了身份的安源工人俱乐部总主任李立三调任中共湖北区委书记，让刘少奇接任了工人俱乐部总主任，还调陈潭秋到中共安源地委工作。贺昌就是在这样的情况下调到安源，与陈潭秋等人同住在一起。

由于刘少奇对贺昌在太原时办报刊的情况早有所闻，所以贺昌到任后，刘少奇立即安排他接任了文书股长及《安源月刊》总编之职。

《安源月刊》是1922年9月安源路矿工人大罢工胜利后，路矿工人俱乐部为使工友切实明了俱乐部各项情形及普通工人的知识起见而办的，但因印局被查封，未能出版。贺昌到任后，11月25日俱乐部干事会决定月刊改为旬刊，在贺昌努力下12月7日《安源旬刊》第一期终于出版。

贺昌为《安源旬刊》的出版写了启事，介绍了《安源旬刊》是安源路矿工人们办的，10天出版一刊，旬刊以“阐明萍矿的内容，启导平民知识、提倡工人自治”为宗旨；内容上对安源路矿工会的消息，更特别灵通和丰富，并将“启事”送中国劳动组合书记部机关刊物《工人周刊》发表了，把《安源旬刊》推向外界。

贺昌担任文书股长期间，为推动安源工人运动，还积极配合刘少奇在1924年5月至9月，组织领导安源路矿工人举行过3次声势浩大、影响深远的工人大集会，在安源工人运动史上留下了光辉一页。

第一次是1924年5月1日纪念国际劳动节

和工人俱乐部成立纪念日大集会。贺昌为这次游行起草了极为鼓舞人心的传单，如“今天五月一日，是我们全工人阶级悲壮的日子；我们追念既往的壮事，鼓励将来劈开光明道路的勇气”。“在中国今年的‘五一节’要怎样做呢？一九二二年中国工人颇有奋起之势，可是经过了‘二七’惨剧，而后将全国的组织打成粉碎，不能公开地存在了。在此压迫及消沉的环境之下，我们要大声疾呼，努力奋斗，反抗帝国主义与军阀！”在他的策划下，破晓时候 1.4 万余工人手持小旗，齐集于工人俱乐部前的大草坪，呼声雷动。上午 8 时，一队队游行队伍高呼口号从安源的大街小巷中通过，精神极为振奋，一直到下午 2 时游行结束，在安源产生了很大影响。

第二次大集会是“五九”国耻纪念集会。5 月 5 日，贺昌以安源工人俱乐部名义邀请安源商会、安源保卫团、同仁俱乐部、安源旬刊社、工人学校及工人同乐会等 7 个团体开会，共同发起“五九纪念筹备会”。同时向安源各团体发函，邀请他们参加纪念活动。第二天，又召集 13 个团体在工人俱乐部召开筹备会议，作出决定：5月9日举行游行大会，要求各团体派代表参加，要求学生全体参加游行。

贺昌为这次集会拟写了充满愤恨、决心雪耻的传单，如“喂！诸君呀！！今天是什么日子，今天不是日本帝国主义者逼我政府承认‘二十一条’的日子吗？这种的国耻纪念会，到今年已有过八次了。我们国人誓要洗涤这种奇耻大辱，……我们除了打倒日本帝国主义与它所勾结的封建军阀以外，实在没有雪耻的出路！”

“同胞们！我们中国的国势，已经危急万分了！横暴贪狠的列强正在四面进攻，简直是明火执仗地来抢劫我们，我们国民若不赶快醒来自决自救，恐怕不久就要被他们宰割尽了。”

“同胞们！旁的都靠不住，要洗国耻，要收回主权，只有靠我们国民自己的大联合，拿出自解自救的精神来向前猛进！”

5月9日早上，虽大雨倾盆，但各团体均冒雨前来参加，人们集合在俱乐部门前的大草坪里，秩序井然，群情激奋。会场讲台前高竖着“安源五九纪念游行大会”大旗，工人们手里举着写有“反对外力压迫”“打倒帝国主义”“毋忘国耻”“民族自决”等内容的小旗，不时振臂高呼。

上午9时许，大会主席宣布开会，数名工人登台演说，言词沉痛，使参会的人悲壮激愤。演说结束后仍然大雨如注，然而游行的人们精神焕发，“毋忘国耻”的口号声及“国耻歌”的愤怒声势如雷动，传单、宣传资料不时散发，气氛热烈雄壮，前所未有。

第三次大集会是9月14日纪念安源路矿工人罢工胜利两周年大集会。这次集会比前两次集会规模更大，影响更深远。贺昌组织并参与主持了此次集会。9月14日，安源路矿各工友一律停工庆祝，俱乐部和各工作处门前均悬灯扎彩、对联满壁，狂热地庆祝自己的胜利。

上午9时，庆祝会在新建的工人俱乐部大讲堂内举行，首先高唱《安源工人俱乐部部歌》和《国际歌》，向部旗敬礼。接着汉冶萍（汉阳铁厂、大冶铁矿和江西萍乡煤矿）总工会、汉阳铁厂工会、湖南工团联合会的代表与俱乐部成员演说，个

劳工萬
人罢工勝利

个激情满怀，兴高采烈，歌颂工人斗争的伟大胜利，引发了热烈的欢呼声和掌声。最后，全体参加庆祝大会的人高呼“安源路矿工人俱乐部万岁！中国工人团结万岁！全世界无产阶级联合万岁！”等口号后散会。

贺昌为这次集会写的传单极富号召力和鼓舞性，既似战斗号角，又像引航前进的灯塔。例如：“谁都会晓得：资本家是屈服于我们团结力量之前，胜利是收成于恶战苦斗之下。在过去的两年中，我们一面奋力向自己的敌人斗争，一面又援助别处同阶级的伙伴们作战，从这种猛烈前进的奋斗中，已明确的认识了‘团结就是工人阶级的武器’”。“当我们都是兴致勃勃感情极甚的今天，愿大家牢记着这两句金言：‘团结就是工人阶级的武器’；‘无产阶级的解放，要靠无产阶级自己的努力’。”

他还经常受邀到工人俱乐部给工人们讲课，讲解俱乐部章程、宗旨，组织工人讨论形势，研究阶级斗争史。既联系实际又深入浅出，对提高工人阶级觉悟，激发革命热情起到了很大作用。

04 经文纬武干一场

到上海团中央工作

1925 年 3 月，贺昌离开安源到上海团中央工作，时年 19 岁。

当时的上海是中国最大的对外通商口岸，也是中国最大的工业城市和产业工人最集中的地方，同时又是帝国主义势力对华侵略的中心及帝国主义者在华实行经济侵略的大本营。被称为“国中之国”的公共租界和法租界的一切权力操纵在外国人手里，中国人在租界等于亡国奴。日本资本家在上海的纱厂对工人经常增加劳动时间、克扣工资、辱骂痛打、随便开除，压迫剥削及其残暴，导致上海工人运动又开始活跃起来。

贺昌再到上海后，秘密深入工厂、码头调查了解情况，总结经验教训，以政治家的敏感和远见，积极撰写文章在报刊上发表，提出许多新颖的重大理论观点，指导工运工作。

他发表的《上海的童工问题》，响亮地把还没有引起人们注意的“童工问题”提出来，进行了深刻剖析，指出了斗争的方法，揭露外国人操纵的上海租界工部局提出的改良童工建议案，是一个名归而实不至的建议案。希望上海的173272个小童工联合起来，提出与童工切实有利的条件(如禁止使用13岁以下的童工，由工部局和厂主设立平民学校，供给童工教育的费用；每日工作8小时，须与成年工人工资相等，绝对禁止使用童工做夜工及其他有害健康的工作等)，反抗帝国主义的这个名归而实不至的骗局。

1925年4月下旬，贺昌同中共中央工农部、中央职工运动委员会秘书长邓中夏等前往广州，参加5月上旬召开的第二次全国劳动大会，参加大会的代表有200多人，代表着全国166个工会组织和54万有组织的工人。这次大会是中国工人运动史上一次极重要的会议，大会建立了中国工人阶级全国统一的工会领导机关——中华全国总工会，并决定中华全国总工会加入世界工人阶级的组织——赤色职工国际，把中国工人运动与世界工人运动联系在一起。大会结束后，贺昌回到上海，与党中央派到上海领导工人运动的李立三、刘少奇等一起领导上海工人运动。

第二次全国劳动大会召开后，帝国主义及资本家们极为恐惧，于是变着手段镇压工人运动。一方面拒绝承认工人组织的工会，另一方面要求租界当局及中国官方取缔工会活动。特别是5月15日，日本资本家在其控制的上海内外棉七厂雇凶殴打上班工人，枪杀工人代表、共产党员顾正红，引起了党内外和各界群众的愤怒。

在中共上海地委、上海总工会的领导下，上海内外棉的 12 个工厂全部罢工，35 个团体组织了“日本残杀同胞雪耻会”，开展抵制日货，大规模游行示威及募捐。贺昌领导上海学联，动员上海大学和文治、复旦、交通、持志、美专、政法、同德等大专院校及部分中学，组织了 30 个募捐小队，每小队5人。5月18日至25日，在南京路、大世界、上海北站、十六铺码头等地向行人宣传募捐，捐得3100块大洋。

5月29日晚，贺昌领导上海学联召开会议，讨论中共中央关于5月30日在租界组织大规模反帝活动的指示，决定：组织不怕牺牲的演讲队到租界演讲，拟写了宣传大纲，并对组织演讲队范围、具体指挥者和演讲的时间，要求演讲队要做到前赴后继，使敌人捕不胜捕等方面作了安排。

5月30日，一些距市中心较远的学校怕误事，上午9时就出发了，2000多学生在公共租界散发传单并演讲，吸引了不少群众。为防备巡捕出来抓人，贺昌等立即通知其他学校也快速行动。下午1时，南京路一带聚集了众多学生群众，学生们开始演讲，巡捕就出来抓人，学生们英勇抗争，当时报纸报道说，人如蚁集、驱之不散。租界巡捕极为恐惧。抓捕了演讲学生100余人关进巡捕房，学生群众怒不可遏，万余人拥到巡捕房门前，责问为什么捕人，砸门、呼口号，要求释放被捕学生。下午3时，残暴的帝国主义捕头悍然下令，向手无寸铁的学生群众开枪，当场打死学生、工人等13人，伤数十人，南京路上腥风血雨，鲜血染红了路面。

惨案发生的当晚，贺昌参加了共青团中央紧急会议，决定发动各阶层群众组成广泛的反帝统一战线，举行罢工、罢课、罢市，反对帝国主义屠杀中国人民的罪恶。会后，贺昌领导上海学生联合会连夜召开了各学校会议，决定在上海学联统一领导下，全市98所中等以上学校一齐罢课，组成有力的革命势力，支援工人斗争，并号召全国支援上海。

五卅惨案的消息迅速传遍全国，各大、中城市纷纷罢工罢课，声援上海人民的反帝斗争。从而形成了更大规模的五卅运动，严重打击了帝国主义，大大提高了中国人民的觉悟，揭开了大革命高涨的序幕。

1925年10月，经过选举，贺昌担任了共青团上海地委书记，为进一步搞好团的工作，贺昌对团地委工作提出14个方面的意见，即继续加强发展团员和进行支部整顿；对未建支部的学校、工厂、机关迅速去组建；各种工厂都要发展工人团员；以厂、以校发展团支部；一月审查一次超龄团员，好团员介绍入党；对督促执行团地委通告要敏捷；注意秘密工作的培训；注重女工人中团员的培养；组织工作注意对外；等等。1926 年 1 月，贺昌作为中国共产主义青年团的代表，赴苏联莫斯科出席了国际共产主义青年团代表大会，并参观了莫斯科等地，了解到不少国际青年运动的情况，开阔了眼界，更坚定了他革命的信心。

组织上海武装起义

1926 年 7 月，正处于国民党与共产党的第一次合作时期。在中国共产党的坚决支持下，广东国民政府决定出师北伐。北伐的口号是："打倒帝国主义""打倒军阀""扫除封建势力"。

北伐军势如破竹，所到之处，受到沿途各地人民的热烈欢迎，敌军土崩瓦解。7 月占领长沙，9 月攻克武汉，上海受到强烈震动。

9月3日，中共上海区委召开全体会议，讨论军政形势和区委的工作策略、路线，并作出两条决定：第一，北伐军攻下武昌后，上海开展地方自治，提出“上海人民自治”的口号；第二，上海地方非有一次民众暴动不可，区委要特别注意军事工作，把发动民众暴动提上了区委议事日程。

贺昌出席了这天的区委会议并发表了3条意见：一是武昌攻下，资产阶级较“左”倾，民众较积极，民校可大发展，惟市党部中同志观念有错误应纠正；二是关于宣传问题，我们应设法恢复报馆；三是武昌攻下后，应举行市民大会。10月10日，北伐军攻占了武昌，向盘踞江浙上海的直系军阀孙传芳发起进攻，上海各界情绪高涨，区委领导接连召开各种会议对形势作了深刻分析，对发动暴动作出正式决定。

贺昌参加了所有会议并发表了自己的意见。区委制定了《行动大纲》，共9项内容。（1）市民这次行动的派别为工人、商人、民左、民右及各自的要求与政纲。（2）暴动的意义是做无产阶级暴动的初步尝试，给统治阶级一个警告，取得自己自由，工会公开等。（3）行动的范围，一部分暴动，全体动员，深入民众。（4）目前上海及江浙全盘的政治趋势。（5）目前的行动，各方负责同志马上调动参加暴动的力量，每个同志要准备发展与组织群众的计划，全体同志动员。（6）各地工作的方针，摆脱小团体习惯，扩大市民运动，扩大“左”派，建立工运基础，开始农运。（7）工作方针：一是工运扩大、党员发展、民运工作急进三大方向；二是20万工人、1万个党员、小资产阶级三大口号；三是不忘记党的独立宣传、不忘记城市交通工人的重要、不忘记过去联合战线的经验、不忘记支部工作。（8）各部委的工作方向，自定发展方针，有计划的动员全体同志，注重宣传，各级党部要关系密切。（9）立刻做的工作，恢复上海总工会，机关公开；恢复旧工会组织新工会；上海总工会召集各产业工人代表大会；开追悼刘华大会；国民党上海市党部在华界组织日报；组织上海市民协会，提出上海市政府政纲。中共上海区委还印发了《告上海市民书》，揭露军阀孙传芳部丁文江统治上海后，摧残自治、增加苛捐杂税、受英帝国主义指使逮捕爱国人士、封闭全国学生总会、推行居民互保连坐法，视全市人民如盗匪的作法。

10 月 23 日，准备还不充分时，区委仓促作出进行工人武装起义的决定。

10 月 24 日，贺昌和上海区委其他领导人一起，分头指挥工人武装暴动。但由于参加支援起义的国民党军钮惕生部泄漏了消息，警察已有防备，加上这是第一次组织起义，准备不足和缺乏经验，起义失败。浦东码头工人指挥所、南市军营机关、电车工人机关遭破坏，上海总工会执行委员、码头总工会副委员长陶静轩、工人自卫团指挥奚佐尧等几十人被捕，10 多人惨遭杀害。

此后，区委开始准备进行第二次武装起义。经过一段时间酝酿，1927 年 2 月 21 日，当罢工工人正要向反动军警袭击、夺取武器转为暴动时，由于国民军海军配合起义的消息被泄漏，上海守备司令李宝章命令军队残酷镇压罢工工人，北伐军在蒋介石的命令下又不支援，中共上海区委被迫宣布上海工人第二次武装起义停止。

起义停止后，中共中央与中共上海区委召开

联席会议，讨论准备第三次武装起义问题。会议决定中共中央与上海区委共同组织 3 个委员会，即一是中央特别委员会，由陈独秀负责全权领导；二是中共特别军事委员会，由周恩来负责并担任起义总指挥；三是中共特别宣传委员会。贺昌奉命加入特别宣传委员会，参加领导第三次上海工人武装起义的准备。

贺昌与特别宣传委员会的同志一起通过共青团上海区委、学生联合会等团体，组织了宣传队、演讲队 270 多个 1200 余人，利用《上海总工会日刊》《国民日刊》《每日通讯》《工人快报》《平民日报》等，为第三次起义大造舆论。街头巷尾、租界码头、电车公车到处贴满了“上海自治”“上海永不驻兵”“支援北伐军”“打倒孙传芳”等标语口号。

3 月 19 日，工人武装起义条件基本具备，大罢工开始后，上海的军阀部队出现了动摇和混乱。21 日，周恩来、罗亦农、赵世炎等领导当机立断，将总同盟罢工转为武装暴动，80 万罢工工人转为武装起义，至 22 日经过 30 多个小时的激战，消灭了北洋军阀部队3000余人、反动警察2000余人、缴获枪支5000多支、大炮若干及大量弹药，占领了租界外上海的全部区域，上海工人第三次武装起义取得胜利。

参加八一南昌起义

1927年4月12日，蒋介石突然在上海发动反革命政变，轰轰烈烈的大革命从高潮走向失败。7月15日，汪精卫召开国民党中央常务委员会扩大会议，以“分共”的名义，正式同共产党决裂，同蒋介石集团一样对共产党员和革命群众实行大逮捕、大屠杀，第一次国共合作全面破裂，国共两党合作发动的大革命宣告失败，全国陷入一片白色恐怖之中。据不完全统计，从1927年3月到1928年上半年，被杀害的共产党员和革命群众达31万多人，其中共产党员2.6万多人。

面对反动派的血腥屠杀，中国共产党和中国

人民没有被吓倒、被征服、被杀绝。他们从地下爬起来，揩干净身上的血迹，掩埋好同伴的尸首，他们又继续战斗了。

1927年4月27日至5月9日，党中央在武汉举行第五次全国代表大会。贺昌出席了大会，并当选为中央委员会委员，任中共广东省委宣传部部长。在5月10日至16日举行的中国共产主义青年团第四次全国代表大会上，贺昌继续当选为团中央委员，任团中央劳动部部长。

在极端危急的情况下，为了挽救革命，7月中旬，刚刚组成的中共中央政治局临时常委会决定，将党所掌握和影响的部队向南昌集中，准备发动武装起义。周恩来返回军事部后连夜召集开会，指定聂荣臻、贺昌、颜昌颐等3人组成临时性组织——中共前敌军委，聂荣臻为书记；并到江西九江向当地驻军中的共产党员传达中央决定，做好起义准备。第二天，贺昌和聂荣臻、颜昌颐即乘轮船赶到九江，秘密深入到叶挺任师长的国民革命军中，开展参加起义的动员和准备工作。

到九江后，贺昌等参加了由谭平山主持，在

九江关内英租界召开的座谈会，研究暴动对策，一致认为“只有抓紧时机，领导我党掌握的军队在南昌举行武装起义，方为上策”，会议明确提出发动南昌武装起义。7 月 24 日，中共中央批准九江与会同志意见，作出在南昌发动武装起义的决定，并决定由周恩来、李立三、恽代英、澎湃组成中共前敌委员会，周恩来任书记，领导南昌起义。

7 月 27 日，周恩来从武汉经九江到达南昌，前委当即决定，7 月 30 日举行起义。

正在大家紧锣密鼓准备武装起义的关键时刻，张国焘来到九江，召集贺昌、恽代英等开会，会上当张国焘提出起义还要讨论时，贺昌等立即反问：“什么都准备好了，还讨论什么？”

“这讨论来讨论去，人头都要落地了，要讨论到什么时候呢？”

“箭已上弦，而又不发，这会误了时机的。”

张国焘说：“共产国际和莫斯科都不同意。”

贺昌和恽代英更是气愤地说：“共产国际不是一直要我们搞武装斗争吗？为什么又不同意我们搞

起义呢？我们中国的革命就这样左一个障碍右一个障碍，全给耽误了，中国人的血就这样不值钱吗？”

7月30日晨，张国焘赶到南昌，在前敌委员会上又企图阻止起义，遭到前委同志们的激烈斗争，但张仍不同意，所以原定于7月30日举行起义只好推迟。

7月31日，贺昌来到南昌，前委还在开会。经过数小时辩论，特别是周恩来等前委其他同志强烈坚持，加之已开始“清共”的张发奎来电称其8月1日要到南昌，张国焘这才表示服从多数。会议最终决定8月1日凌晨4时举行起义。

7月31日下午，参加起义的各部开始动员部署，明确了各自攻打的目标、兵力、时间、指挥人员、纪律、标记等。贺昌等从九江赶到南昌的人大都集中在起义总指挥部，了解各方面情况和等待调用。因特别兴奋他们一直忙碌到午夜都一点睡意也没有。

8月1日凌晨2点，在以周恩来为书记的中共中央前敌委员会领导下，贺龙、叶挺、朱德、刘伯承等率领党所掌握和影响的军队两万多人，打

响了武装反抗国民党反动派的第一枪。各部队迅速行动起来，南昌城四面八方枪声大作，经过4个多小时的激战，到早上6点敌守军全部被歼，起义军占领了南昌城，南昌起义取得成功。随后，根据中央的计划，起义军主动撤离南昌，南下广东。

8月1日上午，贺昌参加了起义部队的整编会议。从此，一支由共产党独立领导的革命军队诞生了，各军、各师、各团都建立了党组织，由党代表或政治部主任担任书记，从而保证了军队置于党的领导之下。

南昌起义标志着中国共产党独立领导革命战争、创建人民军队和武装夺取政权的开端，开启了中国革命新纪元。贺昌有幸成为这段伟大历史的重要参与者和直接见证人。

重建湖南党的组织

1928年5月初，中共中央派贺昌以巡视员身份前往湖南巡视，肩负重建中共湖南省委的重大使命。

当时湖南正处于白色恐怖之中，省委机关已瘫痪，1 个多月未开一次会议，省会长沙的党组织与近郊县委已脱离关系，下级组织对上级机关不信任，城内党的书记、组长被害者甚多，党员四散逃生，组织瓦解，几次派同志去湘南找关系都无结果，湘潭国民党的“清乡”搞得非常厉害，党的组织与各县已断绝关系，困难重重，处境险恶。

贺昌到湖南后不顾危险，深入一线暗查密访，寻找组织联络同志，并坚持不懈地做着身边人们的思想工作。

群众问：“你们要搞赤化是不是？”

贺昌斩钉截铁地回答：“赤化有什么不好？赤就是红色嘛，是一种很美丽的颜色，是色彩中的喜色，代表美好壮丽。同时它又和鲜血是同一种颜色，表示浴血奋战。”

贺昌身边的学生接着说：“现在，咱们的国家内忧外患，灾难深重，咱们为争取国家美好壮丽的未来，不应当为之浴血奋战吗？”

群众随声附和："救国确实到时候了！"

贺昌坚定地说："过去咱们听惯了帝国主义者、军阀、官僚、资本家、工贼及其他各种反革命派的欺骗宣传，一提起'赤化''共产'等字眼来就害怕。其实赤化对咱们老百姓来说是最大的好事……"

5月21日，鉴于在长沙湘潭建立机关极其困难，非短时间所能完成，贺昌安排省委秘书长杨开明留守湘潭，处理省委机关日常工作，他同省委其他主要领导去了安源找到滕代远，立即召开了湘东特委会议（当时湖南局势是湘东地区醴陵、浏阳、莲花、萍乡等地群众革命情绪高涨，国民党驻军正换防军力空虚，甚为恐慌，萍乡小西区暴动失败后党的组织几乎全部瓦解，外出他处的乡游击队向湘南推进）。经过讨论，会议作出关于湘东工作的决议案和醴陵暴动的决议，要求湘东特委尽快把工作开展起来，以推动各地工作的开展。紧接着由贺昌主持，在安源八方井接连召开了湖南省委、湘东特委、湘南及长沙等地党组织联席会议，传达中央对湖南工作的指示，部署各地工作。贺昌到湖南后的两个月时间里，领导组建了新的中共湖南省委，恢复和新建了中共湘西、湘东、湘南、湘鄂赣边、湘赣边、南华安特委，恢复重建了各县委，与湘军独立第5师第1团彭德怀部党组织取得联系，在株萍、粤汉铁路线上建立了党的秘密组织，派党员干部打入国民党军队中开展工作。在各级党组织的努力下，先后组建了安源、长沙、湘潭、常德、岳州、衡州、株洲等的秘密交通局，便利了省委与各地党组织的联系，也打通了中央与省委及井冈山红军的联系。

贺昌不仅出色地完成了中央交付的重建湖南党组织的任务，而且使湖南革命形势有了很大发展。一大批像贺昌一样具有坚强意志的革命者，抱着对理想、信念的不懈追求，开始了新的战斗。

革命伴侣牵手成功

贺昌的婚姻与他的革命斗争经历一样，富有

传奇性、戏剧性。

贺昌与妻子黄慕兰最初相识于1926年的武汉。当年黄慕兰入团时，贺昌曾代表团中央在入团仪式上讲了话。贺昌给黄慕兰留下的最初印象是，风度翩翩，才华横溢，讲话简短明了极富说服力和鼓动性，很受大家的钦佩。在时隔半个多世纪后，黄慕兰还清楚地记得贺昌当时所讲的话。

“中国的军阀与买办资产阶级是完全在帝国主义卵翼之下，在民族革命运动中必然是反革命的。幼稚的工业资产阶级与动摇不定的小资产阶级，亦决不能成为革命的领导者，坚定地与帝国主义进行彻底的战斗。中国共产主义青年团是党的有力助手，要努力扶持和扩大无产阶级的势力，从事中国的革命运动。”

此后，每星期团组织会议活动时，贺昌总是尽量抽出时间来参加。在党、团活动的报告会上，黄慕兰也听过贺昌的演讲。在黄慕兰担任江西省委妇女部部长1年多的时间里，贺昌虽然没有和她有过个别接触，但对黄慕兰的工作是了解的。

黄慕兰曾于1927年与苑希俨结婚。大革命失败后，夫妇二人“潜伏”敌后，坚持开展地下斗争。1928 年，黄慕兰的孩子出生不久，苑希俨就被调往赣西南领导土地革命和武装斗争，4 个月后不幸牺牲。同年 12 月，经陈潭秋推荐，中央将黄慕兰调来工作，担任中央政治局会议记录秘书，兼中央交通员。赴命前，她强忍着丧夫别子的悲痛，把刚断奶的孩子送回苑希俨的父母家抚养。

尽管当时贺昌被中共中央派赴各地巡查党的组织并指导工作，但仍不时返回中央汇报工作并参加中央的一些会议。在此期间，黄慕兰多次到贺昌住的旅社送中央文件，两人之间相互有了更多的了解。

贺昌与黄慕兰再次见面后，就安慰黄慕兰，说希俨的牺牲是党的重大损失，劝解她不要过于悲伤，务必节哀……有过几次接触后，贺昌见她仍过于悲伤，人也愈发憔悴、消瘦，就开始找她个别谈话，进行革命人生观的教育和引导。

贺昌说：你不应该总这么悲伤、这么憔悴。虽然你工作是积极努力的，但不应当总是带着这样一种悲伤的情绪。我们宣誓入党，愿为共产主义事业牺牲，革命斗争是长期的、艰巨的，不可能一帆风顺。要牢记列宁同志的教导：我们无产阶级战胜敌人的武器，就是组织、组织、再组织，学习、学习、再学习，战斗、战斗、再战斗！我们不应遇挫折而消沉，而要迎着困难上，坚信革命必将胜利，坚定地保持革命乐观主义精神，只有这样，才能对革命工作、对自己的身心都有好处。我们无产阶级的革命妇女，更要反对封建主义的思想，决不能有什么“从一而终”和树立贞节牌坊的旧礼教观念。当然也要反对无组织、无纪律，生活放荡的浪漫作风。

贺昌还介绍了苏联妇女奋发自强的情况，鼓励黄慕兰摆脱消沉的情绪，及早振作起来。

很多年以后，黄慕兰回忆道：“这样的谈话，既亲切，又关怀，显示了他的高尚品格，使我受到感染和鼓舞，不但精神日益开朗，脸上开始有了笑容，彼此间的感情也愈益加深了。终于，有一天，他直率地问我：慕兰同志，你看，我是否有可能和希俨同志一样，和你结为革命伴侣呢？我点了点头说：这事容我向组织上汇报请示后再来决定如何？

他说：是应该如此慎重对待，我等待着你的答复。”

此事经黄慕兰反复思考，向周恩来做了汇报。得到了周恩来的支持，并由周恩来、邓颖超夫妇作介绍人，报经组织批准，于1929年结成革命伴侣。

贺昌与黄慕兰结婚后，贺昌仍去广东、广西巡视，黄慕兰还是在党中央机关工作。不久适逢中央动员机关干部下基层，到实际斗争中经受锻炼，黄慕兰报了名，经中央批准，去了上海浦西区内外棉13厂当了学徒工。五一国际劳动节参加散发传单，被巡捕抓去关了几天。七一前夕在参加散发传单和组织罢工中，被推选为学徒工代表，在参加与资本家谈判时，又一次被捕，关在龙华监狱。当时黄慕兰已身怀有孕，但在狱中坚持斗争，落下了严重的胃病。经组织营救，3个多月后出狱。

黄慕兰入狱期间，贺昌被调往香港，任中共南方局书记。经组织批准，黄慕兰出狱后去香港与贺昌一起工作，任中共广东省委机要秘书兼机要交通员。他们住在香港九龙区跑马地凤凰台的一家公寓里，与正在中共广东省委担任军委书记的聂荣臻、张瑞华夫妻是邻居，从此夫妇俩风里

来雨里去相互支持，为党的事业并肩战斗。两对年轻的夫妻，一个共同的革命理想，他们风雨同舟，相互关心，结下了深厚的革命情谊。

“寄子离任”应突变

1929年七八月间，正是盛夏酷暑时节，邓小平来到香港。他是受中共中央派遣途经香港前往广西去开展革命活动的。此时的邓小平，年仅25岁。他到香港后，即与贺昌、聂荣臻取得了联系。他们一见如故，邓小平向贺昌等介绍了他此行的任务，贺昌表示全力支持。在贺昌的安排下，邓小平先住在香港的一家旅馆里。

一天傍晚，邓小平来到贺昌、聂荣臻住的公寓里，共同研究了广西党的工作，贺昌、聂荣臻还在他们的住处招待了邓小平。那天晚上，他们谈了很久，邓小平才离去。

数日后，贺昌和邓小平去了广西南宁，找到

了中共广西特委书记雷经天。在邓小平主持下，中共广西特委召开了会议，南宁、梧州、左右江地区的党组织都派了代表，贺昌也出席了会议，并讲了话。会议通过了开展土地革命、建立工农武装、准备武装暴动等重要决议。会后，贺昌返回香港，继续主持南方局的工作。邓小平则留在广西，择机发动武装起义。1929 年 12 月 11 日，正是广州起义两周年纪念日，邓小平、张云逸等在广西百色发动了革命武装起义，组建了红军第 7 军。

1930年春，国内的政治形势发生了重要变化。国民党统治集团的内部矛盾进一步加剧。在北方，蒋介石同阎锡山、冯玉祥等军阀之间的战争正在酝酿。国民党内部的混战，客观上对革命力量的发展提供了有利条件。党决定抓住时机，派一批优秀干部到北方开展工作。

1930 年 2 月，贺昌准备赴天津，担任中共北方局书记。3 月 3 日，黄慕兰在医院里生下他们的孩子，取名为贺平。孩子的降生，为这个革命的家庭增添不少喜悦，但也带来一个很大的难题。

原来，黄慕兰出狱后身体一直很差，孩子也

因先天营养不足，生下来时很瘦小，刚刚出生也不便随他一起长途跋涉去北方。但如果把母子留在香港，没有人照顾，贺昌又是放心不下。

于是，贺昌跟和他一块同在南方局工作的儿科专家柯麟和接替他任南方局书记的卢彪商量。正好卢彪夫妻俩结婚多年，一直没有生育，贺昌也没和黄慕兰商量就自己做主拿了主意，主动提出将贺平给卢彪夫妻认养做儿子。卢彪夫妇当然很高兴地接受了。一个礼拜后黄慕兰出院时，贺昌已经背着她把孩子的姓名写成卢子平（后改为卢平）。直到贺昌夫妇快要动身离港时，贺昌才将此事告知黄慕兰。黄慕兰开始有点接受不了，经贺昌详细说明后，黄慕兰也深明大义地同意了。从此留下了一段令人称颂的“寄子离任”故事，表现出共产党人不计个人得失、始终以党的利益为重的高尚品格。

贺昌任北方局书记，黄慕兰仍然是秘书兼交通员。谁知，贺昌此行，与儿子竟成永别。黄慕兰与儿子也是天各一方，长期不能相见。直到新中国成立后，贺平才由党组织从澳门送回内地，此时贺平已年满 20 岁了。

北方局主管北平、天津、河北、河南、山东、山西、热河、察哈尔、陕西、甘肃等省党的工作，任务比在南方局时更加艰巨，贺昌等到天津前，党的组织刚刚遭到一次严重破坏，主要负责人卢福坦等人已被捕入狱，一切都必须从头开始。在天津，贺昌付出了比在南方局工作时期更多的心血，他仍然夜以继日地工作。他还领导创办了《北方红旗》，热情宣传马列主义，宣传中国共产党的路线方针和政策，介绍全国各地的革命斗争。《北方红旗》为半月刊，封面设计匠心独运，每期以山水花草画作掩护，既寓意着革命事业的蓬勃发展，又使杂志不受敌人怀疑。这本刊物在北方党内很有影响，有力地促进了北方的革命斗争。

艰辛求索寻到光明

贺昌到天津后，担任中共北方局书记兼顺直

省委书记。在北方局常委扩大会议上，贺昌有声有色地做报告：

红军占领长沙的胜利，是全国革命高潮到来的信号。湖南革命政权的实现，更开始了全国国内阶级的、直至国际与帝国主义的、最残酷的革命战争。因此，北方局必须加紧发动群众的革命斗争，争取北方的革命胜利，以与武汉的胜利相配合。为了实现这一伟大战略目标，各地党部，全体同志，必须加紧发动反军阀战争与争取建立苏维埃政权的工人政治罢工、农民地方暴动、贫民要饭吃的骚动及兵士暴动。各大城市必须建立和发展工人纠察队，成立武装暴动的主力军——赤色先锋队。各地方党部要迅速地、普遍地建立农民赤卫队。……同志们，全国革命的高潮更加迫近了，我们已经到了执行最伟大的历史使命的时期了，让我们紧密地团结起来，鼓足勇气，勇敢地去争取全国革命的胜利吧！

“我们河南省委坚决拥护北方局的伟大战略决策！”中共河南省委书记童长荣坚决地说。

“形势的发展表明：陕西新的革命高潮的客观

条件是完全成熟了。同时它也证明，中央和北方局对形势的估计是非常正确的。”中共陕西省委书记杜衡豪情满怀地说。

“同志们，战斗的号角已经吹响了，让我们在党中央和北方局的正确领导下，动员广大群众英勇地肩负起炸毁北平这个反动统治中心的伟大历史使命吧！”

中共天津市委书记武湖景在主席台上动情地号召……

北方革命斗争的星星之火再度被贺昌等人点燃，在北平、天津、山西、山东等地，党的组织都恢复了，党员人数也增加到1200余人。同时，工人运动、学生运动、农民运动又呈复兴之势，在北宁铁路、开滦煤矿、太原兵工厂、天津裕大纱厂、北平市政工人中间，都在酝酿着罢工。

1930年5月，蓄势已久的蒋阎冯大战爆发，双方调兵遣将，投入的兵力达100多万，在津浦线、平汉线、陇海线沿线摆开战场，厮杀混战。

面对大规模的军阀混战，中共中央的最高领

导层错误地估计了形势。6 月 11 日，中共中央召开政治局会议，通过了李立三起草的《目前政治任务的决议》(《新的革命高潮与一省或几省首先胜利》)，决定举行全国性的革命武装暴动。党内的错误决定尽管受到毛泽东、朱德、何孟雄等同志的抵制，但是仍无济于事。

在这个错误主张的影响下，北方局也成立了“北方行动委员会”，贺昌被任命为行动委员会书记，并改组了顺直省委，增设了省的军事委员会和保定特委。

根据“北方行动委员会”的部署，1930 年夏秋之间，先后发动了唐山兵变和河北完县五里岗、博野一带农民暴动。由于敌我力量悬殊，各方面条件都不成熟，这些兵变和暴动均先后归于失败。这期间，北方局还指示山西党组织立即发动武装暴动，在太原、汾阳一带开展游击战争，并决定要组织 10 万红军打到北平去，建立冀鲁豫苏区，并为此从组织上调整了山西党组织的领导班子，从而使山西党的“左”倾盲动情绪有了进一步发展，给党的工作带来了损失。

1930 年 9 月 24 日，党在上海召开了中共六届三中全会。全会在瞿秋白、周恩来等主持下，指出了李立三的错误；停止了李立三等组织全国总起义和集中全国红军进攻中心城市的冒险计划；决定恢复党、团、工会的独立组织和经常性工作，结束了李立三“左”倾冒险主义错误在中央的统治。贺昌出席了会议，受到了教育。会上，他和温裕成、李维汉、陈郁、徐炳根、陆文治、邓发等 7 人，被补选为中央委员。

中共六届三中全会结束后，贺昌赶回天津，于 10 月初在天津法租界黄家花园附近召开了为期 3 天的中共北方局政治会议。他在会上传达了《中共三中全会关于政治状况和党的总任务议决案》等文件，决定立即停止进一步组织暴动的计划，并沉痛地检查了北方局的错误，提出了如何改变现行工作的方针与方法。此后，北方局的工作逐步走上正轨。

1931 年 1 月，在上海召开的中共六届四中全会上，王明在共产国际执行委员会远东局书记米夫的直接干预下，不仅被补选为中央委员，而且成为中央政治局委员，以王明为代表的“左”倾教条主义错误在党的领导机关内开始了长达 4 年的统治。会后，取消了北方局，贺昌的中央委员也被撤掉，调回党中央进行反省。

在这一时期，北方局发动的几次暴动均未成功，许多同志为革命献出了生命，或被捕入狱，贺昌对此深感悲痛。他们曾与贺昌在一起工作过，情同手足。这些同志牺牲时风华正茂，青春似火。如张兆丰，贺昌在北方局工作时，他任军委书记，是贺昌的得力助手。1930 年 3 月初，他到唐山亲自发动了革命兵变，曾被敌人悬赏通缉。10 月下旬，他与薄一波、郝玉清等共产党员成立平汉线北段兵暴委员会，他们曾抵制过“左”倾冒险主义错误，但受到了严厉的批评。事后，张兆丰到栾城策动国民党驻军兵变，结果被叛徒出卖，张兆丰英勇牺牲。想起这些同志，贺昌就感到自己责任重大，他的心情比在香港与儿子分别时还要难受。

1931 年 1 月，贺昌怀着沉痛的心情离开天津，偕妻子黄慕兰回到上海，住在法租界（今陕西路）的一座小楼上。他每天手不释卷地读书，思考问题。他想，从 1926 年 10 月上海工人武装起义到唐山兵变、完县农民暴动，几年来，他总想“经文纬武干一场”，可斗争为什么总是失败?

党内许多同志都非常关心贺昌，关向应、任弼时等是贺家的常客，他们在一起共同探讨中国革命的道路。周恩来也派人来看望过贺昌，并告诉他要多保重。贺昌对革命的前途并没有悲观失望，他对革命事业依然是一片赤诚。

尽管全国许多地方的革命武装暴动遭到了失败，但是，在中央苏区毛泽东把马列主义普遍真理同中国革命的具体实践相结合，制定了正确的战略战术，红军由小到大，由弱到强，越战越勇，中央苏区亦日益巩固。1930 年 12 月到 1931 年 5 月，红军大显声威，接连粉碎了敌人的两次大规模“围剿”，中央苏区进一步扩大。

消息传到上海，贺昌格外振奋。他更加感觉到，毛泽东代表了中国革命的方向，毛泽东的斗争路线是中国革命走向胜利的根本保证。经过深思熟虑，他决心到中央苏区去，在毛泽东的领导下，进一步探索中国革命的道路，在革命斗争的暴风骤雨中锻炼自己。

05 倾尽全力报家国

兴国经验受称赞

1931 年夏天，贺昌坦诚地向周恩来提出要到苏区工作的请求，同时提出，黄慕兰做地下工作有经验，建议把她留在上海，可以帮助党组织更好地工作。周恩来经过慎重考虑，同意了。

当贺昌把自己的决定告诉妻子时，黄慕兰的眼泪一下子就顺着脸颊流了下来。一年前，她抛下刚刚出生的儿子，随丈夫去了天津。一年多来，她无时无刻不在思念着儿子，可恨苍天无情，母子只能在梦中相见。现在，她又要与丈夫分离。她当然知道，这一去又将是生死未卜。她是多么想随丈夫一起共赴苏区，无论生死永不分离。

在贺昌临行前的夜里，黄慕兰仍在做着最后的努力：

“我以前当过江西省委书记的秘书，对苏区的情况也很熟悉，跟你去那里，仍做你的秘书兼交通员也可以，和你一起上战场也行，为什么偏偏要把我留下？”

贺昌只得好言劝解：“你善于交际，留在这里做上层统战工作有利于发挥你的长处，也便于利用这些关系为党做更多的工作。再说，去苏区路途遥远艰险，你自生平儿以来，一直体弱多病，一起去苏区有许多不便之处。”

黄慕兰更加坚持地说道：“不，我要向组织申请，一定要跟你一起去。我也是较老的党员了，为革命东奔西忙，坐过牢，吃过许多苦，也做过不少有益的工作，我想，组织上是会照顾我这个请求的。”

贺昌低声说道：“慕兰啊，正因为你有贡献，也经受过铁窗生活以及金钱地位的考验，所以恩来才决定把你留下来。这可是对你特别的信任啊！”

贺昌接着说：“你想想，咱们是党的儿女、革命夫妇，怎么能因为儿女私情影响革命工作呢？”

黄慕兰：“党的儿女，革命战士也是血肉之躯，也是有七情六欲的人，不是钢铸铁打的嘛！”

贺昌安慰道：“要知道，没有相思的痛苦，就不能享受到重逢的快乐，经历的痛苦越深，随之而来的喜悦也就越大。咱们暂时分开，在不同的岗位上为党工作，努力促进革命早日胜利。到那时咱们再见面，那个幸福不是更加甜美、更加伟大吗？”

贺昌又耐心地做了许多解释，要她留在上海，多为党做些工作。听了贺昌的话，黄慕兰心里知道只要贺昌决定的事情，说再多也改变不了。黄慕兰失声痛哭起来，贺昌抬手为黄慕兰擦着眼泪，说：

“不要哭，咱们是革命战士，流血不流泪！要记住，不论在任何时候，咱们都要坚强，要坚持革命第一、工作第一！我们虽然远隔千里，但是我们都是为共同的事业而奋斗，我们的心是连在一起的。”

不久，贺昌告别妻子，踏上了通往苏区之路。后来当同志们向他问及此事时，他说：“我是向组织寄子托妻，心里是踏实的。我们虽然远隔千里，但是我们都是在为共同的事业而战斗。我们的心是连在一起的。我是放心去前线的。”可惜此后，他们一家三口竟未能再团圆。

1931 年 11 月，贺昌在交通员吴德峰陪同下，到达中央苏区。一踏上苏区的土地，贺昌就感到耳目一新。这里的天空格外明朗，这里的空气格外清新，使人的心情有种说不出的舒畅。他看到广大农民打土豪、分田地，到处是喜气洋洋的景象，一队队红军战士、赤卫队员精神抖擞，斗志昂扬，表现出革命战士所向无敌、一往无前的精神风貌。

联想起参加革命后，他一直停留在城市，搞学生运动和工人运动的往事，贺昌就深深感到，自己对中国社会的性质认识还不深刻，对中国革命的长期性、复杂性，尤其是对农民问题研究得还远远不够。

他出生在农村，是在农村的天地里长大的，吃的是农民种的粮，穿的是农民织的布，走过农村的崎岖小路，住过简陋的农舍，从小就和农民生活在一起，却没有重视农民问题。他的内心深处产生了一种强烈的震动，他决心扎根苏区，潜心探索中国革命之路。

最初的几个月，贺昌在兴国县委工作。虽然他的职位一下子降低许多，但他走出县委机关，深入群众调查研究，以身作则“自带干粮去办公室，日穿草鞋干革命，夜走山路打灯笼”，带领县委一班人，在严重的战争创伤和自然灾害面前，大力加强思想政治工作，组织革命互济会，募捐物资和现金，慰劳红军，救济难民，安置灾民，把党的温暖送到千家万户。以实际工作让兴国的百姓明白，我们的党是人民的党，我们的政府是人民的政府，有我们共产党在，有苏维埃政权在，我们在保证中央机关生活需要，保障红军供给的同时，不能冻死饿死一个老百姓。

同时，大力整顿现有干部队伍，大力培养后备干部，努力发展消费合作社、耕田合作社等互助合作组织，深入开展查田运动，认真落实拥军优属政策，大力发展群众医疗卫生事业，慰劳红军、救济难民、安置灾民，着力解决群众买盐难、买布难、看病难等的生活困难和失业工人与独立劳动者的土地问题，把党的温暖送到了千家万户。

经过贺昌等人的不懈工作，兴国的百姓也从内心深处更加热爱党、热爱红军，积极响应党的各项号召：青年人积极参军参战，儿童们自觉站岗放哨，妇女学耕田，老弱病残全都热情参加生产和支前工作，广大人民群众宁愿自己受饥寒，也要积极为党捐粮捐款，使贫穷落后的兴国出现了前所未有的新气象。

此时的贺昌虽然只有 25 岁，可是从外貌上看，已显得成熟了许多，大家见他办事细致周到，都亲切地称呼他“老贺同志”。转眼间，几个月的时间过去了，兴国的各项工作都搞得扎扎实实，热气腾腾，成了苏区的模范县，群众说：“中国、外国，不如咱们兴国！”毛泽东很重视兴国的经验，号召大家向他们学习。

赋予重任战时艰

贺昌调离兴国后，先后任红 5 军政治委员、红 3 军团政治部主任。1932 年 2 月，又被调回中革军委，任红军总政治部副主任。贺昌上任之初，红军总政治部主任王稼祥正在患病休养，贺昌几乎承担了总政治部全部的日常事务。他刻苦学习，努力提高马列水平，既要到红军大学讲课，作形势报告，还要挤时间为《红色中华》《红星》报和《战斗报》等苏区报刊撰稿。

可是，正当苏区革命事业蓬勃发展之际，在上海的中共中央临时政治局于 1933 年 1 月迁到江西瑞金，临时中央与苏区中央局合并工作。此时的中央，已被以王明为代表的“左”倾教条主义所统治。他们不但错误地反对毛泽东在苏区的正确路线，排斥毛泽东对红军的领导，而且还对抵制其错误的各级领导干部肆意排挤和打击，制造了一系列冤假错案，“邓毛谢古”事件便是其中之一。这起事件的直接受害者即是邓小平、毛泽覃、谢唯俊、古柏 4 人。

邓小平与贺昌早在 1929 年百色起义前就结下了深厚的友谊。1931 年 7 月中旬，邓小平到达江西瑞金。先后任中共瑞金县委书记、会昌中心县委书记、中共江西省委宣传部部长等职。毛泽覃是毛泽东的弟弟，曾任永丰、吉安、泰和中心县委书记。谢唯俊曾任红军江西第 2 军分区司令员兼红军独立第 5 师师长。古柏曾任江西省苏维埃政府党团书记兼内务部部长等职。

他们 4 人在工作中坚决拥护毛泽东的正确领导，自觉抵制王明的错误路线。1933 年 5 月 5 日，经中共苏区中央局批准，中共江西省委对他们作了错误处理，撤销了他们的职务，要他们进一步“揭发”自己的错误，“向党作出新的检查”。

贺昌听到这件事后，对邓小平等人的遭遇非常同情。他深知邓小平富有才华，对革命事业忠心耿耿，于是冒着受牵连的危险，与王稼祥一起提议将邓小平调到红军总政治部，担任秘书长。

当时临时中央和红军总政治部都设在同一个村里，但贺昌对此毫不顾忌。他曾多次邀请邓小平到其住处长谈，帮助邓小平排解心中的矛盾。邓小平表现得非常坚定乐观，他们在一起天南海北，无所不谈。

贺昌扯开个话题说：“咱们和战士们谈心收获

可真不小啊！”

邓小平说：“要做好思想政治工作，首先必须了解实际情况；要了解实际情况，就必须同广大干部战士交心，蜻蜓点水式的调查研究根本不能解决问题。”

贺昌接着说：“是啊，过去咱们的思想政治工作夸夸其谈，大道理一大堆，不能紧密联系实际，无怪乎战士们说咱们做思想政治工作是卖狗皮膏药！”

邓小平提议：“要号召咱们的同志们深入实际、密切联系群众，有针对性地做工作，在紧紧围绕完成党、苏维埃和红军的具体任务上下功夫才能深入人心、收到实效。”

贺昌赞许地说：“对了，政治工作必须这样搞！”

邓小平接着讲：“另外，必须经常注意发现、培养和选拔优秀的思想政治工作者充实咱们的干部队伍，不断提高咱们政工干部队伍自身的素质。”

贺昌强调：“是！打铁必须本身硬，要做别人的思想工作，必须首先提高自己。”

贺昌对邓小平说：“有时别人还不能理解你，

我也不便再多说什么，是不是可以由你来接办《红星》报？”

邓小平高兴地回答：“好呀，那我可是熟门熟路。”

贺昌说：“《红星》报在两年前创办之初，中革军委就赋予它光荣的历史使命，这就是：加强红军里的一切政治工作，提高红军的政治水平和文化水平，实现中国共产党苏区代表大会的决议，完成使红军成为铁军的任务。”

邓小平认真地听后，庄重地点点头：“我一定把《红星》报办成一架大的无线电台！”

贺昌高兴地说：“《红星》报能成为一架大的无线电台，这可是件了不起的工作啊，小平同志，祝你出色地完成中革军委赋予咱们的伟大使命！”

邓小平谦虚地说：“那可少不了你们多指导啊！”

贺昌坚定地说：“我支持你！”

于是，1933 年 7 月邓小平又调到总政治部宣传部，主要工作是主编《红星》报。很快，8 月份《红星》报改版，恢复为四开四版的铅印形式。贺昌在工作之余，还经常为《红星》报撰稿，给邓小平以热情的支持。邓小平担任这一职务一直到遵义会议召开的前夕。

1933 年下半年，蒋介石发动对革命根据地的第五次“围剿”，调集 100 万大军，自任总司令，向各地红军进攻，其中 50 万国民党军队于 9 月下旬开始向中央苏区发动进攻，企图一举歼灭红军。此时，中央苏区的红军主力只有 8 万多人，为了提高部队的政治思想素质，保持旺盛的革命斗志，9 月 17 日，贺昌为《红星》报写了社论《红军最近的胜利》，要求“每个红军战士要有布尔什维克的顽强性，要有不疲劳的极高度的战斗热情，要用现代的军事技术来武装我们自己”，以战胜强大的敌人。

召开红军政工会

第五次反“围剿”开始不久，1934 年 1 月 22 日至 2 月 1 日，中华苏维埃共和国第二次全国苏维埃代表大会在苏区首府瑞金召开。大会总结了两年来中国苏维埃运动的经验，提出了苏维埃今后的战斗任务，并且具体地讨论了红军建设、经济建设与苏维埃建设等重要问题。贺昌参加了这次会议，并被选为中央执行委员。

第二次全国苏维埃代表大会之后，贺昌更积极地致力于红军的建设。红军自建立以来，政治工作已经取得了很大成绩。为了初步总结红军政治工作的经验教训，确定今后政治工作的方向、基本原则与具体的办法，准备粉碎蒋介石国民党的第五次“围剿”，在紧张的战斗环境中，中国工农红军总政治部决定召开一次全国政治工作会议。贺昌为会议的筹备与召开付出了大量的精力和心血。

1934 年 2 月 7 日至 12 日，贺昌协助王稼祥在瑞金沙洲坝主持召开红军全国政治工作会议。这是中国工农红军第一次全国政治工作会议。出席会议的有中央红军各军团、军区、军分区、学校、兵站、医院、地方武装代表共 258 人。王稼祥致开幕词，朱德、周恩来发表了致辞和演说，博古作关于五中全会总结的报告，王稼祥代表总政治部作《目前形势与政治工作任务》的报告；李卓然作战时政治工作的报告；陈云作关于争取白军工作的报告。李德也参加了会议，并作了第五次反“围剿”的军事问题的报告。会议总结了自古田会议以来政治工作的经验教训，提出了“政治工作是红军的生命线”“政治工作要保证作战的胜利”“政治工作要保证提高部队的军事素养，政治干部要学习军事，要会指挥打仗”“加强与改善政治教育工作”等重要原则。这次会议在中国红军建设史和中国革命史上占有重要的地位，对于人民解放军政治工作的一些理论原则、方针和方法的发展与确立，作出了重要贡献。但会议是在“左”倾教条主义盛行之时召开的，使政治工作不可避免地受到一定的影响。

会议期间，贺昌热情地鼓励大家畅所欲言、献言献策。在讨论中，贺昌多次发言，阐明了学政治、学战争技术的重要性，强调了加强纪律、加强和改善政治教育工作，包括在地方游击队、赤卫队、后方机关中如何进行政治工作及其重要性和迫切性，也强调了加强连队党支部建设应特别注意的事项，为大会的成功奠定了基础。同时，贺昌在发言中重申了“政治工作是红军的生命线”，提出了红军政治工作的迫切任务，强调“完满的实现整个战略意志的统一，争取每一个战斗的应有胜利，从政治工作上来保证军事技术与战术的提高”。要求：首先，要使每个政治与战术的提高成为重要任务，使红军的军事技术和战术的素养与红军的政治自觉，英勇的与坚定性的巩固同时并进，才能高度的提高红军的战斗力，向铁的红军的道路迈进；其次，摆在政治工作面前的任务是要千百倍的为巩固和保障红军而斗争，提高革命警惕性，加强与改善政治教育工作，强化党的支部工作；最后，不能忽视关于红军的最好助手——游击队、赤少队与红军后方组织中的政治工作。

会议结束时，贺昌致闭幕词，对每一个政治工作者提出了新要求，对会后的思想政治工作提出了新任务并寄予很大希望。

贺昌用他极富感染力的话语鼓舞全体与会人员：“同志们！全国政治工作会议很尖锐的提出，

我们要用政治工作来保证上级命令的执行，保证每一个战斗的胜利，保证军委统一意志的实现，以争取五次反‘围剿’决战的胜利。这就需要我们每个政治工作人员，要绝对忠实于党中央的布尔什维克路线，真正的开展部队中的思想斗争，为保证党在红军中的绝对领导而斗争！”台下顿时响起雷鸣般的掌声。

掌声渐弱，贺昌接着说：“只有红军在思想上政治上的一致，才能真正实行统一的意志；要有更灵活的适合战斗情况的战时政治工作，才能保证每个战斗的完全胜利……在全国政治工作会议后，我们更加要为了保证上级命令的实行，为了彻底粉碎敌人五次‘围剿’而战！”台下再次热烈鼓掌。

贺昌向全体与会政工干部坚定地发出号召：

“我相信，每个政治工作同志，一定能够为了巩固红军，提高红军的战斗力，来胜利的彻底粉碎敌人五次‘围剿’，争取苏维埃在全中国的胜利而斗争！”

“我相信，我们每个政治工作的同志，一定能够坚决为执行党的路线，保证红军中政治上思想上的一致而斗争！”

“我相信，每个同志在会议后一定能够在实际工作中给全国政治工作会议以布尔什维克的回答！”

3个“我相信”刹那间点燃了在场人员的无穷斗志，又是连续3次被台下热烈的掌声所打断。

前线战场上的战士们也在高呼“让我们以打胜仗来拥护中国红军第一次全国政治工作会议！”的口号，以排山倒海之势勇猛地冲向敌人，同敌人展开殊死的战斗。

艰苦卓绝守苏区

尽管红军战士英勇顽强，但在“左”倾教条主义错误的统治下，先是采取军事冒险主义方针，主张“御敌于国门之外”，使红军辗转于敌军主力和碉堡之间。在进攻受挫后，又采取消极防御的战略方针和“短促突击”的战术，同装备精良的国民党军队拼消耗，打阵地战和堡垒战。这样不但没有扭转危局，反而处处陷于被动，战况急转直下。1934年4月中下旬，国民党军集中力量进攻中央苏区的北大门广昌。由于继续施行所谓集中对集中、堡垒对堡垒、阵地对阵地的错误战略战术，虽经红军指战员18天浴血奋战，坚守广昌的红军主力付出重大牺牲，但广昌仍失守。敌军的反动气焰更趋嚣张，立即分兵向兴国、宁都等苏区中心地带扑来。10月初，兴国、宁都也都先后失守。

贺昌、周恩来和王稼祥等人开会寻找对策，周恩来对贺昌与王稼祥说：“在接连不断的失败退却的情况下，咱们的战士们能保持如此高昂的斗志，说明你们搞思想政治工作是出了大力的！”

贺昌适时建议道：“战士们的斗志是很旺盛，但是如果仍然按照现在的打法。战士们的斗志再旺盛也难以打破敌人的‘围剿’！为此，必须尽速改变咱们现在死打硬拼的战法，大力提倡游击战术。”

周恩来肯定地说:“在敌后同样应该大力开展游击战争。”

王稼祥拖着病体吃力地说:“应该灵活地运用游击战术，破坏敌人进攻根据地的交通、运输、兵站、堡垒和袭击敌人的部队，在敌人的后方组织和领导群众斗争与地方暴动，创立新的游击区城，不断地扩大苏维埃的领土。”

贺昌接着说:“只有这样才能加快反‘围剿’战斗的胜利进程。”

有一次贺昌在前线视察，所骑的战马受惊猛地跳起，把贺昌掀翻在地，导致贺昌的腿被摔伤，伤势十分严重，但一瘸一拐的贺昌仍夜以继日地为主力红军远征做了大量的准备工作。

10月10日，红军主力被迫撤出中央苏区实行战略转移，在中央苏区只留下红24师和部分独立团及地方部队，共1.6万人，另有伤病员3万余人，在苏区坚持斗争。

长征的战士们背着行李和枪，举着火把向前行进着。老百姓自发地扶老携幼前来相送，有的给战士们手里塞鸡蛋，有的给塞馒头等，依依惜别。

贺昌拄着拐杖夹在人群中与战友们告别:“走好!你们走好!早日传回胜利捷报啊!”

战士们主动回应:“贺主任多保重!一定多保重!”

这时一位老战友走过来,拉着贺昌的手说:“贺主任,你是北方人,在这里水土不适,语言难通,身上又有重伤,根本不适宜留守,留下来凶多吉少,快找匹马跟随我们一起转移吧!”

贺昌坚定地说:“组织上已经决定把我留下了,我既要服从组织的决定,更要尽好我的责任。”

这位战友接着劝他:“有那么多的人,谁该留,谁该走,组织上怎么能考虑得那么周到?你情况特殊,以后再给解释不迟,赶快找匹马追上我们吧!”

贺昌回答道:“谢谢你的关心,你也要多保重!如果谁都不愿意留下来,那苏区革命的胜利谁来保卫!”

贺昌毅然决然地选择了服从中央决定,留在了苏区,与项英、陈毅组成中央分局、中央政府办事处,开始了敌后艰苦卓绝的战斗。

九死一生突重围

1934 年 10 月初，中央红军主力开始战略转移，中共中央决定在中央苏区成立中共中央分局、中华苏维埃共和国中央政府办事处和中央军区，项英任中央分局书记、中央军区司令员兼政治委员，陈毅任中央政府办事处主任，统一领导中央军区及闽浙赣苏区的斗争。

根据中共中央有关指示决定，10 月中旬，项英在瑞金梅坑之马道口召集会议，正式成立中央分局和中央政府办事处。10 月 22 日，中央军区正式成立，项英任司令员兼政委，贺昌任政治部主任。

红军主力虽已转移，但国民党军队对苏区的“清剿”丝毫没有放松，结集在苏区的敌军达 20 多个师，约 20 万人，是红军的十几倍。敌人恶狠狠地叫嚷要“掘地三尺”“斩草除根”，不让革命“死灰复燃”。国民党军队所到之处，哀鸿遍野。

卷土重来的土豪劣绅组织了“还乡团”和“铲共团”，灭绝人性地进行烧杀奸淫，无数共产党员和革命群众被残暴地屠杀。几个月内，中央苏区的革命干部和群众牺牲达70多万人。

面对穷凶极恶的敌人，处于劣势的红军战士表现出无所畏惧的坚强。贺昌对周围的同志说：

“我们中央苏区的形势是紧张的，任务是艰巨的，我们必须有准备迎接大风暴到来的思想，准备进行长期的艰苦斗争。”

在红军阵地上，敌人疯狂地向根据地进攻，贺昌与战士们并肩战斗，拼命地抵抗着，一次次将敌人打了回去。

战士们擦擦汗，在战壕里坐下来休息。

贺昌急忙动员大家：“快站起来，在战壕里来回奔走，要让敌人以为咱们人多得很！”

战士们立即在战壕里奔走起来。

突然一个战士惊叫起来：“敌人又从那一边进攻了，快！”

贺昌同战士们一起立即顺着战壕冲向另一侧的战场，向敌人发起英勇反击。

战火纷飞，喊杀声震天动地，战斗异常激烈。

夜晚，阵地上的硝烟还没有散尽，贺昌挥动着手臂在给100多名政工干部做充满感召力的报告：

“同志们，敌人的进攻太凶猛了，我们必须尽最大努力发动广大人民群众，无论男女老少，一齐拿起棍棒、斧头、镰刀、鸟枪、土枪和快枪，英勇地奋起抗击，以有我无敌的大无畏精神，坚决消灭来犯的敌人，检举反革命分子，坚决保卫咱们自己的生命、儿女、土地、自由和宝贵的苏维埃政权！在被敌人占领的地区，要广泛地发动群众反对、阻挠敌人修马路、筑工事、编队，反对逼租催债，广泛地开展游击战争，钳制、扰乱、疲惫和分散敌人，紧密地配合根据地内的斗争……”

贺昌与群众一起埋地雷、摆放路障，无数群众把山里砍倒的大树源源不断地拉到路上阻碍敌人通过。大家干得热火朝天。贺昌和大家一样，脸上的汗水不住地往下流。

炮声隆隆，火光冲天，在敌人疯狂进攻下，到处是一片喊杀声，鸡飞狗跳，哭声四起。

11 月底，中央分局召开会议，分析研究敌情及今后斗争策略。陈毅坐在担架上，审时度势地提出："过去的工作方式、斗争方式，包括大兵团的正规作战，地图上作业那一套都不行了，赶快向游击战转变吧！"

贺昌也讲出了心中之所想："我举双手赞成陈毅同志的意见，现在远征的部队已经进入湖南，咱们的掩护任务已经完成，应该立即转变斗争方式！"

不久，中央军区即在宽田开办了游击训练班，组织各县的红军地方武装骨干学习游击战术，贺昌和陈毅等亲自授课。

可是，国民党军队已是大兵压境，风声一天紧似一天，中央苏区只剩下瑞金、会昌、于都、宁都 4 县交界处的狭小地区。

四面八方压来的国民党军队凭借优势兵力实行南北夹击，拉网合围，包围圈越来越小，战斗越来越频繁，部队天天都在打仗，伤亡逐渐增多，在生死存亡的关键时刻，贺昌仍然保持着革命的乐观主义精神。

1935 年 1 月，当遵义会议召开的消息传到中央苏区时，贺昌感到非常高兴。那是一个漆黑的夜晚，天空阴云密布，凛冽的风不停地吹着，贺昌利用部队宿营的机会，向战士们宣布了令人振奋的消息：

“同志们，红军主力已经胜利地进入了贵州的第二个大城市遵义，并在那里召开了政治局扩大会议，确立了毛泽东同志在党中央的领导地位，这是我党历史上一次伟大的转折。”

听了这个消息，战士们都沉浸在喜悦之中，那些参加过历次反“围剿”战役的老兵们又回忆起了当年胜利的情景。尽管四周一片漆黑，他们的心里却充满了光明，所有的人都忘记了寒冷和疲劳，挤在一起，增强了必胜的信心。

看到战士们全神贯注的神情，贺昌接着说：

“我们现在正处在敌人的层层包围中，缺弹缺粮，形势非常严峻。但是共产党人面前是没有困难的，这是考验每个革命战士对共产主义是否忠诚的时候。”听着贺昌激动人心的话语，大家的心里都有一个坚定的信念：

“战胜困难，突出重围，革命到底！”

一腔热血为国洒

贺昌等人面对的情境更加危急了。穷凶极恶的敌人喊出“茅草过火，石头过刀，筷子过斩，人要换种”的口号，对中央苏区的每一个地方进行反攻倒算、搜山“清剿”，将中央分局、中央办事处和省委机关、部队，团团围困在狭小的仁风山区，企图一网打尽。为了保存革命的火种，中央分局根据党中央指示准备突围。

1935 年 2 月上旬，中央分局、中央政府办事处、中央军区机关人员和红 24 师余部，分头离开井塘村，往福建长汀和于南禾丰（今江西于都县禾丰镇）转移。瞿秋白、何叔衡各以多病之身和年迈之躯随队转移，不幸被敌人包围。瞿秋白被俘后坚贞不屈、慷慨就义，何叔衡投崖自尽、壮烈殉国，都表现出共产党人的献身精神和崇高气节。贺昌随项英、陈毅虽然安全到达禾丰地区，形势却一日坏过一日。他们被敌人包围压缩在于南的狭小地带，随时都有被消灭的危险。

2月下旬，中央分局决定，立即按照游击战争的具体要求，组织被困机关及部队陆续离开于都南部，分路突围，红24师第71团向湘南、第72团的大部分向闽粤赣边开展游击战争。贺昌与项英、陈毅等由第70团担任掩护，从禾丰转移到上坪山区。

3月上旬，送走各路突围部队后，贺昌与项英、陈毅等领导同志身边仅有红24师第70团和中央军区直属队担负掩护任务。突围的目标是穿过会昌封锁线，越过天门嶂山脉，向福建长汀西南山区转移。

3月9日，部队进行整编，撤销红70团番号，将全团官兵与中央军区直属队编为4个大队。下午3时，贺昌等人冒雨在山上一间老百姓的破烂香菇棚里，为4个大队的指挥员布置了突围任务，并作突围前的最后动员。他拖着重伤的右腿，慢慢把它搁到长凳上，镇定而又坚毅地对大家说：同志们，主力红军已经胜利地进入贵州的第二个大城市遵义，并在那里召开了政治局扩大会议，批评了中央在第五次反“围剿”中的错误，并给了我们今后斗争的指示。现在，我们是在敌人的重重包围之中，弹缺粮缺，特别在这深山之中，孤军作战，形势是严重的。这是考验每个共产党员的时候，尤其是干部对党对人民忠心的时候，也是考验每个同志对共产主义事业忠心的时候……必须在今晚和明天的一天之内到福建长汀西南地区，要急行军百余里，无论如何在明天拂晓前渡过安远河，从蒋介石驻会昌和安远两县部队的结合部冲出去……我们不仅要当胜利时的英雄，也要当困难时的英雄，真正的英雄是在困难中考验出来的。为了保卫苏维埃，为了中国革命的胜利，我们要以百倍的决心和勇气，同敌人战斗到底，直到流尽我们的最后一滴血。

一直以来，贺昌因腿有伤，要靠骑着骡子才能行动，但在当天，他坚持把那匹骡子杀了，煮给已经3天没有吃上一顿饭的同志们吃。

3月9日下午3时许，突围开始。贺昌率领第3大队先出发了。第4大队随后跟进，任务是抢渡安远河，然后占领会昌天门嶂，掩护第3大队和项英、陈毅等突围。

贺昌他们渡过安远河后，敌人发觉了他们的行动，一面封锁安远河以斩断退路，一面调兵追赶妄图歼灭。天下起了暴雨，贺昌等人指挥着两个大队冒着大雨向天门嶂山区前进，很快便被国民党军追上，部队陷入激烈战斗之中。第4大队在掩护作战中大部分壮烈牺牲，整个突围队伍全被打散。

贺昌也是身上多处负伤，最后带领一部分战士冲出敌人包围。10日拂晓，他们转移到会昌县晓龙一个只有七八户人家的归庄村（今属会昌县高排乡）。在刚从山林中走出，要进入村子时，再次与国民党追兵相遇。贺昌指挥剩余的20多名红军战士立即投入战斗。英勇的红军指战员毫不畏惧，顽强抵抗，一个个壮烈牺牲。

贺昌也身负重伤，倒在地上，血不停地从伤口涌出来。面对气势汹汹的敌人，贺昌沉着应战，

不停地向敌人射击，直至枪膛内只剩下最后一颗子弹。

他伏在地上，看着周围。敌人见他不再开枪还击，便壮着胆子冲了上来，呼喊着“抓活的”，把他层层地围在了中心。

这时，贺昌拖着早就重伤的右腿，一点点挺立起多处中弹的身躯，横眉冷对围上来的敌人。他誓死不当俘虏，从容地举枪对准了自己的胸膛，用尽全部力气高声喊出了最后一句话：

“红军万岁！”

枪声响起，英雄倒下。年仅 29 岁的贺昌，为了中国人民的革命事业流尽了最后一滴血。

06 尾声

1935年，另两路突围的部队在遭到严重损失后陆续到达赣粤边的油山，与赣粤边特委领导的游击队会合。中共赣南省委书记阮啸仙在突围中壮烈牺牲，赣南省军区政治部主任刘伯坚、中央政府办事处副主任梁柏台受伤被俘，英勇就义。广大指战员怀着悲痛的心情，深切悼念为革命牺牲的战友。陈毅得到贺昌等人牺牲的消息后，挥泪写下五言诗《哭阮啸仙、贺昌同志》，以表达他对贺昌等同志的敬佩与怀念。诗云：

环顾同志中，阮贺足称贤。
阮誉传岭表，贺名播幽燕。
审计呕心血，主政见威严。
哀哉同突围，独我得生全。

贺昌短暂的一生，是光辉的一生、伟大的一生、革命的一生。他为了国家和民族的解放、人民的翻身，走南闯北，出生入死，壮烈献身，立下了不可磨灭的功勋。他为革命壮烈牺牲后，党和国家没有忘记他，人民没有忘记他，始终以各种形式缅怀纪念他的丰功伟绩。

1946 年 8 月，刚刚获得解放的贺昌家乡的党和政府——中共离石县委和离石县人民政府报请晋绥边区行政公署批准，把离石县城建立不久的“建新中学”更名为“贺昌中学”（当时贺昌家乡柳林镇属离石县管辖）。

1949 年中华人民共和国成立后，中共离石县委、离石县人民政府在县城修建了“革命烈士楼”，塑了贺昌像。抗美援朝运动中，贺昌家乡人民及贺昌的亲属曾捐资购买飞机“贺昌号”，支援朝鲜军民抗击美帝国主义的侵略。

1955 年农业合作化高潮中，贺昌家乡柳林成立了“贺昌高级农业生产合作社”，1958 年人民公社化后，先后改称“贺昌管理区”“贺昌生产大队”。1984 年，改为贺昌村村民委员会。

1985年7月1日，在庆祝中国共产党成立64周年之际，中共柳林县委、柳林县人民政府在县城修建了贺昌烈士陵园。园中建了贺昌烈士纪念碑。胡耀邦题写了“贺昌烈士纪念碑”碑名，聂荣臻为纪念碑题词“忠诚的共产主义战士贺昌同志永垂不朽！”揭碑仪式那天，云幕低垂，山岚四起，5000多人参加了揭碑仪式。许多老同志寄情于笔端，深切表达了对贺昌的缅怀之情。

南昌八一起义纪念馆、井冈山革命博物馆、安源路矿工人运动纪念馆、雨花台烈士纪念馆等陈列中，都有关于贺昌的内容。

2015年，柳林县政府在陵园内修建贺昌纪念馆、贺昌雕像。如今，贺昌烈士陵园已是山西省爱国主义教育示范基地，每年都有大量的游客到这里扫墓，缅怀革命先烈。

走在柳林县城，“贺昌”元素已是随处可见，贺昌村、贺昌中学、贺昌大街……贺昌已经成为这座县城的精神象征。

热血壮中华，英名留青史。诚如贺昌曾经说的那样：要把自己的一切交给国家、社会和民众。

要散布阳光到别人心里，自己心里得先有阳光。若自己心里没有“阳光”，没有奉献之心，是做不好“唤醒民众，改造社会”这伟大而受人尊敬的善举的。贺昌永远活在人民心中，他的精神将永远激励着青少年一代为中华崛起立志奋斗！

后　记

巍峨丰碑用英雄鲜血铸就，前赴后继靠英雄信念支撑。当英雄的故事一次又一次被刷屏时，我们不禁叩问是什么让我们的心灵如此受到震撼？是精神，更是情怀。怀念英雄，为的是今天，为的是未来。因为今天和未来，都是英雄精神辉映的时代，都是属于奋斗者的时代。

只有让英雄精神融入民族血脉，我们才能不断激发前行的力量。贺昌用年仅29岁的生命，实践了他一生“颈血常思敌国溅，寸心久欲报家邦”和“不仅要当胜利时的英雄，也要当困难时的英雄，真正的英雄是在困难中考验出来的”的初心和使命。现在，中国特色社会主义进入新时代，中国共产党团结带领中国人民又踏上了实现第二个百年奋斗目标新的赶考之路，每一个共产党员都应像贺昌那样，秉持一生报国为民的兴国梦想，坚守一生爱国爱民的家国情怀，筑牢一生矢志不移的信念追求，夯实一生笃诚实干的担当作为，在自己的本职岗位上勤恳工作、踏实奉献，努力创造出无愧于时代、无愧于人民、无愧于先辈的业绩。这是我们对老一辈革命家最好的纪念。

本书是在前人研究成果的基础上，从贺昌平凡而伟大的一生中选取了一些最具代表性的英雄事迹，结合中国革命发展历程和英雄烈士光辉人生经历，在充分尊重史实的前提下，汇编成系列故事，力求在宏大历史潮流中写好人民的英雄，用感人的故事传递英雄伟大的精神。在编写过程中，得到军事科学院军队政治工作研究院领导、机关的大力支持，赵一平、张明金、康月田、李博、李平、陈政举等多位军史专家进行了审读，提出了宝贵的意见。山西省柳林县人民武装部参加了编写工作，柳林县柳林镇贺昌村村委会原主任李登亮帮助提供了相关资料。

主要参考的书籍和资料有：中共党史人物传《贺昌》（陈文秀、雒春普、张志强、李吉／陕西人民出版社）、《贺昌传》（山西省史志研究院编／中央文献出版社）、《贺昌文集》和《贺昌年谱》（穆生高主编／中共党史出版社）、《贺昌文选》（山西省史志研究院编／中央文献出版社）、《贺昌烈士资料征编纪实》（曹大斌主编／山西新华印业有限公司美术印刷分公司）。

在此，谨向关心和帮助此书的各位领导、各位专家学者，以及上述作者、编辑致以最诚挚的谢意！

图书在版编目（CIP）数据

贺昌 / 军事科学院解放军党史军史研究中心编著. --北京：学习出版社，2022.11

（中华先烈人物故事汇）

ISBN 978-7-5147-1108-0

Ⅰ.①贺⋯ Ⅱ.①军⋯ Ⅲ.①贺昌（1906-1935）－传记 Ⅳ.①K827=6

中国版本图书馆CIP数据核字（2021）第266813号

贺 昌

HE CHANG

军事科学院解放军党史军史研究中心

责任编辑：彭绍骏 王振宁 封面绘画：刘书移
技术编辑：胡 啸 内文插图：韩新维
美术编辑：杨 洪

出版发行：学习出版社
北京市东城区崇外大街11号新成文化大厦B座11层（100062）
010-66063020 010-66061634 010-66061646
网 址：http://www.xuexiph.cn
经 销：新华书店
印 刷：河北鹏润印刷有限公司

开 本：787毫米×1092毫米 1/32
印 张：5.25
字 数：74千字
版次印次：2022年11月第1版 2022年11月第1次印刷

书 号：ISBN 978-7-5147-1108-0
定 价：20.00元